万川
reflections

一步万里阔

How Large-Scale Change Really Happens

孤注一掷

大规模变革如何真正发生

【美】拉吉夫·沙阿／著　方宇／译
Rajiv Shah

BIG BETS

中国工人出版社

目　录

引言
如何避免落入抱负陷阱

如果你翻开了这本书，那就说明你被某种可能性吸引了——它能以持久而深刻的方式改变世界。

这很好。

世界亟须改变，人类正面临各种危险；我们在自相残杀，我们的星球也危在旦夕。

而你可以成为那个让世界变得更好的人。

你可能惊讶于自己拥有这样的能力。你可能怀疑自己是否有足够的力量或手段去成就一番伟大的事业。几个世纪以来，两个因素决定了一个人解决世界问题的能力，它们分别是神圣性和金钱。你可以是一位现世的圣人，被某种神圣权威赋予权力，或者仅仅拥有行善的天赋和超凡的耐心。你也可以是一个富甲一方的有钱人，积累或继承了巨额财富。如果你是圣人或富人，你就有希望在生前或死后不久通过思想或行动改变世界。在更晚近的历史上，国家元首和大企业的负责人也被赋予了类似的权力。他们往往拥有巨大的权力和强大的资源，可以改变无数人的生活。

你很可能不是圣人，无法忍受在艰苦的环境中生活和工作，只为改善世界上最贫困地区人们的生活。这样的人极其罕见。我敢打赌，你也没有富到可以开一张支票来解决世界上最大的难题。毕竟，没有人能做到这一点（单单是气候变化一项，就需要花费数万亿美元来解决）。而总统或首相也不是能够轻易获得的职位。

好消息是，你不必成为圣人、亿万富翁或总统，也能给世界带来巨大的变化。

我就是最好的证明。我在美国底特律郊区的一个中产阶级家庭长大，上课时在笔记本上画汽车设计草图（底特律毕竟是汽车城），同时面临着巨大压力，因为父母期望我成为一名医生。22 岁时，我发现自己无法成为圣人；44 岁时，我发现自己不可能成为亿万富翁。我在尝试寻找自己的方向并帮助改善这个世界的过程中，走了一次又一次的弯路。

但是，凭借着勇气、运气和改变世界的坚定决心，我最终与一些团队合作，为 21 世纪一些重大变革作出了贡献。我们为近 10 亿名儿童接种了疫苗，帮助他们降低了可预防死亡的概率。我们领导了通过改造非洲的农业社区来减少饥荒的项目。我们在海地、阿富汗和整个非洲开展了大规模紧急援助和旨在促进长期发展的行动。我们参与抗击在西非肆虐的埃博拉疫情，后来又在美国抗击新冠疫情。与此同时，我们还使以前连灯泡都没有的人用上了电。

这一切都不容易。如果我让它们显得容易，那一定是我在回忆或写作时犯了错。毕竟，这些挑战不仅复杂，充斥着风险，而且并不是每个项目都取得了预期的成果。我也遭遇了一些失败，在某些项目中，我仍在苦苦挣扎，希望取得进展。尽管如此，我从自己的经历中发现，如果你接受了某种思维方式，那么你就有可能实现变革。

在本书中，你将遇到一些这样的人。他们不是真正的圣人，少数人是亿万富翁，一位是总统。但他们中的大多数人都和你我一样，深思熟虑、兢兢业业、意志坚定，而且几乎没有人在一开始就知道如何实现真正的变革。他们犯过错误，走过弯路，但他们不在意失败，继续前进。

使他们与众不同的是他们“孤注一掷”（big bets）的心态。当面对问题和受到质疑时，他们选择彻底解决问题，而不仅仅是改善现状。他们不寻求通过慈善或其他手段来使少数人生活得更好；相反，他们会设定一个雄心勃勃的大目标，如消除饥饿、消灭疾病或改变种族关系。虽然这些挑战至今仍以某种形式存在，但我认为，由于人们致力于解决问题，而不满足于渐进式的改良，因此目前的变革具有深远影响。

如此一来，他们便避免了所谓的“抱负陷阱”。

你也可以做到。任何组织（银行、政府机构、大学或社区团体）中的任何人（从实习生到总裁），都可以从“孤注一掷”的思维中获益。本书将为你提供应对人类最棘手挑战的知识、策略和思维模式。

我将为你详细说明。

不妨想想我们面临着哪些异常艰巨的挑战。以下是一份不完全的清单：数十亿人深陷贫困，营养不良，或生活在得不到尊重和缺乏机会的社区中；我们的生活方式正在加剧气候危机，气候危机不仅在改变地球上的生命，还可能使更多地方变得不适合生存；技术正以不可阻挡的速度改变着我们的生活，将我们推向既令人兴奋，又令人恐惧的方向。

读到这段话，你可能会有一种无力感，这意味着抱负陷阱开始靠近你。想改变世界的人常常受困于一个棘手问题的复杂性，而忘记了寻找并解决问题的根源或核心原因。他们担心在实现真正变革的过程中得罪人，因此将目标定得太低，或满足于只解决一小部分问题。他们认为没有足够的资金或支持来实现重大变革，因此向他人提出的要求太低。抑或他们迷失了方向，未能准确地跟踪结果，无法知道自己的努力是否取得了成效。

抱负陷阱困住了太多人。这就是为什么许多人变得愤世嫉俗、冷漠或无动于衷。这就是为什么当你说“我们应该消除贫困”或“拯救我们的地球，使其免受我们造成的破坏”时，一些人会翻白眼。这就是为什么人们不愿意追求更大的目标，而满足于“刚刚好”。这就是为什么许多人不寻求彻底消除我们面对的问题的根源，而倾向于提供援助或满足于改良，然后便不再关注这些问题。

“孤注一掷”的心态能激发避免落入抱负陷阱所需的专注精神。它提高了你对自己能产生的影响的期望。它让你做好准备，迎接取得真正进展（改进可以被视为通往持久解决方案道路上的里程碑）所需的漫长时间。它帮助你看清问题的根源并找出解决方案。它让你每天早晨起床时都充满活力，因为你正试图在有意义的大事上取得真正的进展。

它还能帮助你构思并实现造福人类的重大举措。

“孤注一掷”是一种集中资源和力量，从根本上解决社区或全球紧迫问题的努力。它要求设定看似无法实现的宏大目标，并相信这些目标是可以实现的。它要求找到一种新的思维方式或做事方法，它们通常受技术进步的启发，也可以是利用他人的知识、财富和精力的新方法。它要求建立广泛的联盟，尤其是看似不可能合作的政府和企业，这些联盟能够调集充足的资源并提供多样化的功能，以突破阻碍社会进步的各种限制和障碍。它要求坚定不移地追求可衡量的成果，直到人们和社区从中受益。

像过去一些人曾经指责我的那样，你可能会想，这家伙是不是太理想主义，或者说太天真了？“孤注一掷”真的有用吗？世界上真的有足够多的个人和机构愿意加入“孤注一掷”的联盟吗？大多数人不是只关心自己吗？

这些年来，我无数次听到上述问题。质疑那些寻求推动重大变革的人的动机乃至理智是非常容易的。如今，怀疑本身已经成了一个方便的避难所。社交媒体可以成为人们公开抱怨和冷嘲热讽的论坛。政客的言行和企业高管的高薪加深了普遍的愤世嫉俗情绪。

但是，我也亲眼看到了，树立远大抱负并坚持不懈地致力于解决我们面临的最大问题，能够有效地激励人们采取行动。我一次次看到，寻求解决世界上最棘手的问题，可以使各种看似不可能走到一起的合作伙伴携起手来，释放能量和热情。如果你问“你是否愿意帮助一个你永远不会去的国家的你永远见不到的孩子接种疫苗”，他们可能毫无反应。但是，如果你问“你是否愿意确保再也没有孩子患上脊髓灰质炎”，他们会竖起耳朵，他们的雄心会被激发，他们的心跳会加速。

“大”很重要。如果你有志于解决大问题，人们会逐渐加入你的计划。他们会付出超预期的努力，有时甚至会创造奇迹。你的目标越大，你就越可能吸引到足够多的合作伙伴、盟友和支持者来解决根本问题。

何时产生改变世界的愿望并不重要。一些人似乎天生就有使命感，而另一些人则在生命后期才听到人性的召唤。你不需要周密的人生计划，甚至不需要家人的全力支持，就可以加入这场战斗。我在 17 岁时受到启发，想让世界变得更好，这完全是因为一个意外。即使在那时，甚至在之后很长一段时间里，我都无法为这个使命找到一个明确的方向，并担心它不符合父母望子成龙的期望——我的父母是移民，他们希望自己的第一个孩子能够在美国过上中产阶级生活。

我的祖父纳特瓦尔拉尔·沙阿（我称呼他“dada”）和祖母马杜坎塔（我称呼她“ba”）在印度西部的大城市艾哈迈达巴德抚养了 4 个孩子，包括我的父亲贾纳丹。他们没有住在城里最富裕的地方，也没有住在最贫穷的地方。我的祖父受过教育，在当地一家银行当会计。虽然印度的生活非常拥挤、不健康，不同社区之间不时爆发暴力冲突，但我祖父一家的生活相对富足。

这要归功于我的曾祖父母。上学一直是我祖父上升的阶梯，他和我的祖母决定，他们的孩子也应该如此，因此他们鞭策自己的孩子努力工作和学习。1967 年，当我父亲获得奖学金，准备前往美国攻读研究生时，我祖父拿出了他的大部分退休金（这是他和我祖母的命根子），为他买了一张前往亚利桑那州的单程机票。

我母亲的背景不同，但也有类似的经历。她的家庭比较富裕，在印度各地拥有多家棉花加工厂。当时印度女性接受教育和就业的机会十分有限，但我的外祖父母（我分别称呼他们“dadi”和“dada”）想方设法确保我的母亲和她的姐姐能够在生活和事业上取得进步。除了接受更好的教育，我母亲还有机会出国，她与我父亲一起来到加利福尼亚州——我父亲取得机电工程硕士学位后搬到了那里。事实证明，他们到美国的时机正合适，当时美国刚刚向南亚和世界其他地区的移民敞开大门。

我父母充分利用了这个机会。在加利福尼亚州，我父亲参与开发了“阿波罗登月计划”的科学设备。后来，我父母在密歇根州定居，我父亲在福特汽车公司担任工程师，我母亲在一所蒙特梭利学校担任校长。几年后，我出生了。不久之后，我的妹妹阿米也来到了这个世界。

几年后，我的祖父母第一次来到美国。这是一个重要的时刻，不啻皇室成员到访。我父亲查了机票，建议祖父在印度买票，因为考虑到汇率和航空公司的政策，这样做更划算。然后，他把我塞进家里的蓝色皮卡车（当然是福特牌的），开车前往底特律大都会机场。

当我和父亲一起等待祖父母到来时，我看着他扫视每一位乘客，直到两个熟悉的身影出现在门口。但当我抬头看父亲时，我看到他脸上闪过一丝担忧。他问我祖父："出什么事了？"[1]他把我祖父带到墙边的长凳上坐下。在那里，祖父解释说，他担心自己不得不承担机票费用。为了买机票，他再次花光了积蓄，因为他认为我父亲负担不起他们来访的费用。我祖父一直担心，他为儿子制订的在美国过上更好生活的计划落空了。

我父亲立即解释说，他一直打算把钱还给我的祖父，他只是想在汇率上省一些钱。我父母并没有过着拮据的生活，他们完全有能力招待我的祖父母。祖父欣慰地笑了。两个骄傲的男人拥抱在一起，默默流泪。当我在他们的行李箱旁的地板上玩耍时，祖父自豪地低头看我。他抱起他的美国孙子走出机场，而我的父亲则艰难地拖着所有行李。

就像那些行李一样，祖父母的赌注有时让我感到难以承受。我每天都能感受到要回报家人为我提供的机会的压力。如果我和阿米忘记了，父母就会在吃饭时提醒我们，不要忘记自己的传

1　我在本书中引用了一些朋友、家人和同事的话，这些话并不准确，因为我当时没有做笔记，但我尽可能准确地回忆当时的情景和感受。

统。并不是只有我们这样，几乎所有印度裔朋友都被期望努力学习，遵守规则，取得好成绩，成为医生或工程师（这是我们父母眼中最稳妥的成功之路）。这些期望是我决定成为一名医生的原因之一，我后来成功考取了密歇根大学。

但是，我也感受到了冒险的吸引力。虽然没有退休金，但是我也有赌上一切的冲动。我的祖父赌上了一切，我的父亲为了追求自己想要的生活，放弃了他熟悉的一切。我会冒怎样的风险呢？

我 17 岁那年，纳尔逊·曼德拉访问了美国，而且来到了底特律。他因反对南非种族隔离制度而被监禁了数十年，几个月前刚刚获释。我坐在家里客厅的沙发上，认真聆听了曼德拉在老虎体育场的演讲，我和家人经常去那里看比赛。当他感谢“汽车城”（他亲切地将底特律称为“汽车城”）的每一个人，感谢他们参与争取种族平等和人权的斗争时，我感到无比激动。

我和我的家人在美国都遭受过种族歧视——仇恨的目光、辱骂，以及我小时候偶尔受到的推搡和拳打脚踢，这些都是一个瘦小、书呆子气、棕色皮肤的孩子在一个以白人为主的社区长大的代价。正因如此，我深深折服于曼德拉：他不仅为平等发声，更以博大的胸怀，面对那些曾对其同胞苦难漠不关心甚至反对的人们。

曼德拉的这次访问使我想做一些有意义的事情。我不知道这意味着什么，更不知道如何去做。我不知道我父母会怎么想。但我认为，我或许有办法在更大范围内做出改变，就像曼德拉凭借自己的信念和人格力量所做的那样。

要想真正改变世界，你可能会认为，自己必须成为像曼德拉那样的划时代的圣人；你可能会认为，自己必须像他那样饱受折磨——他在狱中服刑近 30 年，每天在采石场砸石头；或许像一些人可能认为的那样，你必须深入一线，与你服务的对象生活在一起。这些是大多数圣人经历的，他们为改变世界付出了代价。

但是我很快发现，虽然我新获得了牺牲一切为他人服务的信念，但我无法成为圣人。

在大学里，我一边努力学习医学预科课程，一边学习经济学——我对经济学和政治学的兴趣使我对社会变革的热情日益增长。我知道自己对世界的理解还很有限，因此决定前往英国伦敦政治经济学院留学一年。在那里，我希望获得关于地缘政治和经济力量的基础知识，以推动变革。

我不仅学到了这些知识，还获得了更多。

我在伦敦遇到了我未来的妻子希瓦姆·马利克，她是乔治城大学的大三学生，也在伦敦政治经济学院留学一年。希瓦姆戴着时髦的帽子、超大的眼镜，脸上挂着灿烂的笑容，笑声爽朗。人们很难忽视她的存在，但也很难接近她——她总是被一群朋友包围着。不过，我经常在计量经济学课上看到她。她很自信，也很可爱，我对她一见钟情。

希瓦姆对我产生了巨大的影响。她的父母也曾希望她上医学院，但她找到了自己的路（她总是这样）。大学期间，她在郡监狱做志愿者。在伦敦学习行政管理学期间，她既有目标感，又有冒险精神——不管是过去，还是现在，她始终是一位有使命感的女性。她鼓励我找到自己的使命，并付诸行动。我们在伦敦的酒吧和咖啡馆里没完没了地聊天，我们发誓不再只是空谈大事，而是要走出去，尝试去做。

回到美国后不久，我认为自己可能找到了走出去的机会。在一次募捐活动中，我父母认识了一位名叫哈努马帕·苏达山的医生，他是一位传奇的人道主义者，曾在印度最贫穷的地方生活和工作。他因为对居住在比利吉里兰加山区的索利加人的杰出贡献而闻名于世。在 15 年里，他使当地 7 万名居民的麻风病发病率从 21.4‰下降到 0.28‰，几乎在印度这片土地上消灭了麻风病。

当我在大学图书馆里读到他的故事时，我相信自己注定将成为下一个苏达山医生。1995 年夏，在希瓦姆的鼓励和父母的支持下，我在医学院开学前申请去他的诊所实习。我拿着一根削得像牙签一样尖的塑料棍，在比利吉里兰加山区挨家挨户查看是否有人皮肤脱落，这是麻风病的早期症状之一。天气炎热，工作也很艰苦，雪上加霜的是，我无法用自己说得并不熟练的古吉拉特语（古吉拉特语是我父母的母语，也是印度的主要语言之一）同那些说另一种完全不同的方言的人交流。

得益于苏达山医生的工作，麻风病已经十分罕见了，我们最常看到的是空荡荡的储藏室和饥饿的孩子。我们最有效的治疗方法通常是提供食物，而不是药物。晚餐时，我们和我们的病人以及许多饥饿的索利加儿童一起坐在食堂的地板上。我们吃的是由营养丰富的小米粉做成的无味的拉吉球和热乎乎的咖喱汤。这些拉吉球往往是唯一能帮助这些孩子免于跨过从饥饿到饿死这条致命界线的食物。

吃完晚餐，我会回到自己的小茅屋。翻来覆去睡不着的时候，我会低声承认，这不适合我。我敬佩苏达山医生，很荣幸能与他共事，但我也知道自己永远无法成为他那样的人。是的，其中一部分原因与比利吉里兰加山区的艰苦生活有关。

我无法适应山区或类似地方的生活。我的小屋弥漫着蚊香的味道，但蚊子仍然不停地叮我。天气闷热难耐。那年夏天，我瘦了大约 9 公斤。我怀念现代生活，怀念它的舒适。

更重要的是，在内心深处，我一直认为我们只是在治疗症状，只是为极少数人提供了安慰。苏达山医生是我见过的最接近圣人的人，他使成千上万的人免于对麻风病的恐惧。他和他的团队每天都在力所能及的范围内改善索利加人的生活。但在 1993 年，全球共有 7 亿多人（占世界总人口的 12%）处于饥饿状态，这是苏达山医生工作地区人口的 1 万倍。在那一年，全球有 1100 万名 5 岁以下的儿童死亡，几乎全部来自贫穷国家，其中 56% 的儿童患有慢性营养不良。我们没有足够的拉吉球来拯救所有人。

那年夏天，我从第一次见到祖父母的那座机场回到家中，疲惫不堪，只想在自己的床上睡一觉，吃一顿丰盛的美式大餐。一种徒劳感压得我喘不过气，我感到我们能做的只是缓解处于不可接受的现状边缘的人们的痛苦。我不断问自己，怎么会有人（包括我在内）希望彻底解决像全球贫困、饥饿或可预防疾病这样的世界上最大的问题？这有可能吗？

你可能也有类似的疑问。或许你正在寻找你自己的改变世界的道路，无论是解决大问题，还是试图改良现状。你不需要从一开始就做对。事实上，如果你追求服务他人的使命，你就不可避免地会遇到挫折和失败。离开比利吉里兰加山区后，我花了近 10 年的时间才找到自己的道路。

我在宾夕法尼亚大学攻读医学博士学位和经济学博士学位时没有找到它。虽然我喜欢为病人看病，甚至喜欢解剖尸体，但我还是花了很多时间做其他事情。我在费城西部的贫困社区工作，向孩子们宣传艾滋病的危害。我为政治活动提供志愿服务，并考虑竞选公职。希瓦姆和我创办了一个非营利组织，号召像我们一样的南亚裔美国年轻人从事社区服务和政治活动。我和一名研究生同学创办了一家小型数据分析公司，并加入了华盛顿的一家智库。

我越来越觉得，实现重大变革的途径是从政。2000 年，我两次申请加入副总统阿尔·戈尔的总统竞选团队，但都被拒绝了。后来，我接到一个在竞选团队工作的朋友的电话，他让我再申请一次。第三次申请成功了。繁重的工作使我面临选择，我要么继续在宾夕法尼亚大学攻读医学博士学位，然后从事医生职业；要么冒着失去奖学金的风险，去为我认为将成为下一任总统的候选人工作。

专业资格考试结束后的第二天早上，天还没亮，我便和希瓦姆驱车 14 个小时前往位于纳什维尔的戈尔竞选总部，她开车，我则在补觉，因为前一天晚上喝了太多啤酒。我在几个月前刚从商学院毕业，而希瓦姆帮我找到了方向，这不是她第一次这样做了。多亏了她，我在抵达纳什维尔的第一天精神极佳，已经为改变国家做好了准备。

不幸的是，没有人关心我认为需要改变的东西。作为一名就快拿到医学博士学位的员工，我最重要的证书却是驾驶执照。大部分时间，我都开着破旧的福特“水星美洲狮”轿车接送竞选工作人员和志愿者，或者在纳什维尔公共图书馆复印旧报纸上的文章。我整理了一份关于戈尔在 20 世纪 70 年代管制致命的草坪飞镖游戏的过程中扮演的角色的档案。

这一切太微不足道了。一天晚上，我给妹妹阿米打电话，告诉她我犯了一个大错误。我放弃了混乱但前途光明的医学生涯，选择了一份看起来毫无前途，也无法帮助任何人的苦差事。阿米耐心地听我抱怨，然后提醒我说，我一直想参加竞选活动，因为我从小就对它感兴趣。她鼓励我再坚持一段时间。果然，随着竞选的升温，我很快承担了更大的责任。

我在“笼子”（一片用半人高的隔板围起来的办公区域）里花了很长时间和同事一起撰写政策文件，这些人后来成了我一生的朋友。在最后几个星期里，我越来越兴奋。当各家电视台宣布戈尔在佛罗里达州获胜时，我以为我将进入白宫工作。

当戈尔在历史性的重新计票后落败时，我感到迷茫。我眼看就能与总统共事，而总统这个角色拥有巨大的权力，可以给世界带来重大变革。但那时，我将无法在白宫工作，无法解决我看到的全球性问题。我也无意在私营企业做一名医生。我不知道的是，对于渴望改变社会和世界的人来说，除了这些职业，还有其他选择。

我的机会来自一通电话，对方是我在戈尔竞选期间认识的一位朋友，他后来在比尔·盖茨和梅琳达·盖茨创立的一家基金会工作。他邀请我去那里工作，这彻底改变了我的人生轨迹。在那家慈善机构，以及后来在奥巴马政府和洛克菲勒基金会工作期间，我与一群非凡而敬业的人一起参与了“孤注一掷”的项目，其中甚至包括曼德拉本人，他当年对底特律的访问激励我在比利吉里兰加山区、纳什维尔和更远的地方寻找自己的意义和目标。

你也可以在那些能够激起你的正义感和同情心的问题上“孤注一掷”。现状之所以能够维持，部分原因在于我们被期望接受它。只要你拿起这本书，那就表明你想让世界变成它应有的样子。如果你读到这里，那就表明你希望你自己、你的社区、你的国家，以及我们的世界和地球变得更好。

你很幸运。

今天，任何人都有能力和工具来推动重大变革。近一个世纪以来，人们一直寄希望于政府或自由市场能提供新的解决方案，并将其用在需要的人身上。不过，在过去的30年里，技术以及人与人之间越来越紧密的联系，使个人和机构拥有了更大的权力和影响力，技术变革为几乎所有人提供了更多的机会来加强合作、筹集资金和进行大规模行动，使这些不再是政府和企业的专利。

得益于此，有能力推动变革的不再仅仅是圣人、亿万富翁、总统及公共部门和私营部门。突然之间，像你我这样的人也有了尝试解决全球性问题的力量。只要有手机，你就可以发起一场竞选公职的活动，拍摄一部改变数百万人对某个问题看法的纪录片，发起一场引起人们对某项重要事业关注的请愿活动，或者发起一场筹集数百万美元的募捐活动。

更重要的是，一个互联互通的世界还提供了寻找合作伙伴、赞助商和投资者的新途径，这在几十年前还是不可能实现的。你、你的团队或你的组织可以通过多种方式，如分析数据、通过谷歌追踪趋势、从世界各地运送物资来支持半个地球之外的行动，所有这些都可以在波哥大、布鲁克林或北京舒适的办公桌后完成。

这些工具可以帮助你“孤注一掷”，这是创造和领导大规模变革的最佳方式。

你不需要别人帮助你理解世界为什么必须改变，或者为了谁改变。你需要知道如何改变它。

通过分享我的经验和教训，我希望向你展示如何从根本上重新构想你的社区、你的社会和我们的世界，从而帮助你实现你的抱负。在接下来的篇章中，我将分享我的经验和教训，它们是从我接到那通电话之后经历的成功和失败中总结出来的，我相信它们对任何组织、任何级别的人都有用。

这是一本从实践中不断总结出来的指南。

第一，你将看到如何设定大胆的目标。人们在承诺解决问题时经常犹豫不决，解决问题的困难程度（高昂的成本、复杂的情况、令人生畏的规模）让他们退缩。这种犹豫不决的态度甚至导致人们根本不敢想象为每个儿童接种疫苗或消除饥饿所需要的成本。本书将为你提供一些工具，帮助你确定一个值得“孤注一掷”的项目，选择一条前进的道路，并保持不断向前的动力和信心。

第二，你将学习如何发现新的思维方式，如何应用创新以解决我们面临的棘手问题。如今，我们正处于一个在科学、技术、创新和社会理解等方面取得显著进步的时代。我们除了要思考这些突破能为我们做什么，更重要的是，要思考它们能在多大范围内得到推广。这意味着什么？这意味着一旦取得突破，所有人都可以从中受益。每个人都可以接种疫苗或投票。但系统性的限制往往将女性、穷人、有色人种、弱势群体等排除在外，同时奖励富人和有关系的人。本书将帮助你学习如何找到克服这些限制的策略和途径。

第三，你将看到如何建立广泛的联盟，尤其是在看似不太可能合作的伙伴之间建立联盟，这对在你的社区乃至全球范围内实现真正的变革是必不可少的。如果你和今天的大多数人一样，那么你可能不相信机构、政府、企业或非营利组织能够解决我们面临的最大问题。我理解这种感觉。但我同样知道，与个人（无论他们来自社会的哪个阶层）建立联系，共同努力，并激发人们改变现状的愿望，将会产生巨大的成果。

第四，你将看到如何清晰地定义你的“重注”，以便你可以坚持不懈地追求结果，直到实现它们。评估成果比想象的要难得多，那些希望创造一个更美好的世界的人通常在这一点上做得并不够。我们在努力提高社会影响力时，必须像企业计算利润一样严格评估我们的成果。

你可能是学生、退休人员、企业家，你可能在小型组织中领导一个大型团队，你也可能是大型慈善机构、企业或政府机构的一个小团队的成员。但无论如何，任何人都可以使用这份指南。我看到了本书介绍的策略如何在不同环境和不同层面发挥作用。我真心相信它们可以帮助机构变得更雄心勃勃、更有效率、更值得我们信任。

我希望25年前，当我在寻找自己的道路时，能读到这份指南。现在，我想与你分享我的经验，希望你能避免落入抱负陷阱，以一种持久的方式推动重大变革。

现在，你只需要记住，人类所有的“重注”都是从对自己下注开始的。

你有足够的意愿、技能、决心和智慧，有能力建立必要的联盟，以扩大和维持当今所需的变革性解决方案。

如果你能使用我的经验，你就会发现，“孤注一掷”的回报是多方面的，它不仅能帮助我们重新认识世界，还能帮助我们重新构想自己在世界上的位置。

因此，“孤注一掷”在改变世界的同时，也将改变你自己。

1
问一个简单的问题

“给一个孩子接种疫苗需要多少钱?”

带着这个直接而又极其基础的问题，我真正开始了在“孤注一掷”(致力于推动解决重大问题，而不满足于微小的改进)方面的学习。

为了找到解决方案，你必须从最基本的层面理解问题。你需要有勇气提出简单，甚至看似幼稚的问题。我逐渐认识到，基础的问题具有不可思议的力量，能够帮助你调整思考的方向，揭示各种可能性，最终让你发现此前没有看到的路径。

不过，当时这一切离我尚远，这是我在数月乃至数年后才会面对的情况。但在那天下午，提出这个基本问题的人就坐在房间的另一侧，他的面孔对于世界上大多数人来说并不陌生。

那个人是比尔·盖茨，时年46岁。他拥有数不清的财富，却保持着孩子般的笑容，留着乱糟糟的分头。他的这个问题并不是专门向某个人提出的。那是2001年，当时比尔还是电脑软件巨头微软公司的董事长。在一间巨大的会议室里，他正坐在（或者更准确地说，坐在椅子上前后摇晃）桌子的一端，这间会议室所在的建筑曾是支票清算所，此时属于他的家族基金会。帮助全世界的儿童接种疫苗是比尔和他的妻子梅琳达·盖茨成立盖茨基金会的目的之一。

当时我 28 岁，从医学院退学，和其他六七名盖茨基金会的公共卫生工作人员坐在房间的另一侧。那时我已经经历了许多事情，比如前往印度的比利吉里兰加山区，参加前副总统戈尔的总统竞选活动等。我已经修够了毕业所需的学分（戈尔在 2000 年总统选举中落败后，我修完了最后的学分），但并不打算参加剩下的考试，也不打算成为一名执业医生。我加入了盖茨基金会，实际上是实习生，但可以选择自己的头衔。我选择了“首席经济学家”的头衔，不过当时工作人员中并没有其他经济学家。

我到了西雅图，但尚未下定决心将慈善当作自己的职业。我有的只是渴望和动力，一心要找到一种方法（既是一条道路，也是一个过程）来推动重大变革。当我接到大卫·莱恩的电话时，我不知道自己究竟应该期待什么。莱恩曾任美国商务部幕僚长，参与过戈尔的总统竞选活动，此时是盖茨基金会华盛顿特区办公室负责人。无论如何，我还是接受了这份工作，并坐在了西雅图的那张橡木桌旁。

比尔面前放着一份幻灯片演示文稿的打印件（幻灯片当然是用微软的PowerPoint软件播放的），内容是盖茨基金会的疫苗项目。两年前，比尔和梅琳达承诺出资 7.5 亿美元来实现让地球上的所有儿童接种疫苗，以预防可预防疾病的非凡目标。这笔资金使他们成为全球疫苗免疫联盟最大的资助者。当时，作为疫苗团队的新成员，我在会议前浏览幻灯片时注意到，该联盟取得的进展极为有限。

最后，比尔停止摇晃，问了那个关于成本的问题。坐在我们这边的一位资历更深的公共卫生专家有些不耐烦地答道："您不能真的用这种方式来思考疫苗接种问题。"他解释说，为贫困国家的儿童接种疫苗是一件非常复杂的事情。为了保护孩子，就需要病人、正确剂量的疫苗、注射器、训练有素的医护人员和诊所在同一时间和地点准备就绪，即使在世界上极度贫困的地区也不例外，那些地区往往缺乏公共医疗服务、道路和电力。

当时在会议室的我还不知道什么是"孤注一掷"——我仍然在试图搞清楚谁是谁。但很明显，比尔的问题是关于规模的，如果我们知道为一个孩子接种疫苗的成本，就可以推算出为所有孩子接种疫苗的成本。这样，我们就可以确定资金缺口，并开始想办法解决。一些疾病通过一次注射（或在某些情况下，通过连续几次注射）就能轻松预防，而当时在非洲和东南亚，只有不到三分之二的儿童接种过预防这些疾病的疫苗。比尔的目标是为这些可通过疫苗预防的疾病提供一个解决方案，这是成本效益最优的挽救生命的方法。

我知道的是，坐在我这边的专家们已经在公共卫生领域工作了很长时间。他们是世界上最有思想、最敬业的公共卫生专家，并参与说服比尔和梅琳达承诺出资7.5亿美元为全世界儿童接种疫苗。据我了解，与会的一些人表达了公共卫生界更广泛的担忧，他们反对将赌注全部押在疫苗上。面对复杂的情况，传统观点认为，改善儿童所在国家的卫生系统才是帮助他们的最佳途径。

你会发现自己也处于类似的境地，尤其当你是会议桌上资历较浅的人时。有人会提出一个解决问题的方案，那个人可能是你。然后，其他人，往往是许多人，会质疑你的想法，或列举可能阻碍真正变革的所有复杂因素。没有人确切知道谁是对的。那天在会议室里，我们都不确定是否有可能为每个孩子接种疫苗。在会议桌上，以及在之前和之后的所有电话会议、会议和电子邮件中，抱负陷阱对雄心勃勃的宏大计划的制约变得更加明显，在某些方面也变得更加重要。

在接下来的几年里，我看到比尔的问题如何将我们从这个陷阱中解救出来。你可以用问题来迫使每个人（从最有经验的专家到刚刚入职的实习生）重新评估假设，并认真审视对某个主题真正的了解程度，以及那些看似令人望而却步的制约因素。复杂性往往导致那些寻求推动重大变革和解决迫在眉睫的挑战的人无功而返。当许多事情必须同时改变，许多人必须同时达成一致时，任何任务似乎都是不可能完成的。简单的问题及其答案可以帮助人们拨开迷雾，不仅可以明确目标，还能塑造一种文化，照亮实现目标的道路。

在适当的规模上处理正确的问题

走进那间会议室之前，我还对“慈善事业”感到困惑。这个概念让我觉得很“小”，它带着充斥着富人捐款的老旧机构的味道，经常资助交响音乐会和公共广播电台的其他节目（你经常可以听到，“本场演出由某某家族信托基金赞助”）。慈善事业关心的似乎主要是通过微小的改进和轻松愉快的配乐来使现状变得更容易被接受。

第一次会议后，我强烈感觉到盖茨基金会正在酝酿做一些非常不同的事情。它不打算被动地把钱捐给有需要的人，而是打算认真地，甚至激进地寻找更好的方法。比尔、梅琳达和他们的团队回顾了过去的慈善事业，包括约翰·D.洛克菲勒的基金会，决定效仿以往的模式，也就是大规模推广能够造福人类的技术，但将采用21世纪的方法。

回答比尔这个实际上并不简单的问题是这个项目的关键。这不仅是因为其答案难以确定，还因为解决这个问题需要从根本上改变世界的运作方式。大型机构一直在努力提高疫苗接种率，但接种率在20世纪90年代以后几乎没有变化。结果，在每年死亡的1150万名5岁以下儿童中，近半数死于可预防的疾病。这意味着，要想找到解决办法，就必须进行重大的政治、经济和制度变革。比尔直率的问题直指这种变革的核心。

与比尔见过几次面，并在团队中工作了几个星期后，我对基金会的雄心和潜力感到兴奋。它的目标远大，足以满足我的兴趣，发挥我的能力，同时能充分利用我已有的有限的经验和专业知识。

例如，我在还是本科生和研究生时，就已经被由计算机引发的数据革命吸引了。在盖茨基金会，我可以继续深入研究。我痴迷于诸如伤残调整生命年表格这样的数据，所谓的“伤残调整生命年”指因疾病、残疾或早逝而失去的健康生命年数。这个指标可以量化好的或坏的政策带来的生命改善或损失。

不幸的是，虽然这些数据非常有用，但我已经了解到，并非所有组织都喜欢新答案。几年前，当我寻找另一种为公共卫生事业作贡献的方式时，我曾在华盛顿的泛美卫生组织的一间橱柜大小的办公室实习过一个夏天，该组织致力于利用国际资源来改善中南美洲的卫生状况。起初，泛美卫生组织看起来是一个有志于公共卫生事业并具有一定分析能力的人的理想去处。我只需要点击鼠标，或从书架上翻开一本满是灰尘的书，就能获得大量公共卫生数据。

一天，我被要求研究国际货币基金组织提出的一项新政策的影响，该机构会向各国提供紧急资金，只要它们遵守严格的规则。当我用伤残调整生命年表格等数据进行计算时，我发现这项新规定将导致医疗服务减少，进而影响人们的健康，尤其是妇女和儿童。这不是解决方案，不仅没有带来改善，反而带来了降级。我向老板展示了我的工作成果，他转交了我的报告，但什么都没发生。该政策最终还是施行了，我的报告没有任何回音。

我明白了，仅仅有正确的答案是不够的，要想改变现状，还要把它交给对的人。

虽然我一开始对慈善事业心存疑虑，但在盖茨基金会的第一次会议后，我就知道自己来到了一个重视答案的地方。比尔的问题看似简单，但实际上非常复杂，这让我觉得自己可能找到了一份正确的工作。这是我有生以来第一次觉得我找到了自己的位置——找出跨越多个领域的难题的答案。但更重要的是，在这里，人们可能会倾听这些答案，并做出非凡之事。

你必须去一个能给你“赋权”，让你发挥自己能力的地方，尤其是在你刚刚踏入职场时。需要明确的是，“赋权”并不意味着“掌权”。你不需要掌权。你需要的是一个让你感觉对的地方，一个在适当的规模上处理正确问题的地方。我在盖茨基金会的感觉是，我每天去上班，都是为了确保孩子们不会无谓地死去，而且我被期望通过回答一些能够帮助我们找到更大解决方案的简单问题，并就如何改变现状提出自己的见解。

钱不是万能的

在5年前我走进那间会议室的那天早上，比尔在阅读《纽约时报》时，看到了一篇关于轮状病毒的文章，这种病毒主要感染婴儿，会导致婴儿腹泻、脱水乃至死亡。每年美国有7万名儿童因感染这种病毒而住院，但死亡人数很少。相反，在较贫穷国家，21世纪初，每年有40万到60万名儿童死于这种病毒。这种不公平现象之所以成为新闻，是因为当时美国正在测试一种新疫苗，但儿童死亡率更高的较贫穷国家预计无法得到这种疫苗。

当比尔告诉梅琳达这件事时，他们都对这种不公感到震惊。这种疫苗在美国的价格约为 116 美元，并不便宜，但对于一个人均年收入 3.2 万美元的国家来说，这至少是可以负担的。印度每年大约有 10 万名儿童死于轮状病毒，对于这个人均年收入仅为 450 美元的国家来说，这种昂贵的疫苗是完全无法负担的。比尔和梅琳达很难理解，人类怎么能接受如此严重的不公，尤其是如果人们真的相信所有生命都是平等的，而且疫苗是可以获得的。

为了扭转这种不公，两人将问题简单化。比尔和梅琳达想知道，能拯救最多生命的最有效的方法是什么。经过计算，答案变得清晰——不是医院或蚊帐，而是接种疫苗。通过一次或几次注射，就永远不必再担心接种疫苗的儿童会受到肺结核、白喉、破伤风、百日咳、脊髓灰质炎、麻疹和轮状病毒的侵扰。因此，这个问题也揭示了目标。他们的“重注”是为每年出生的 5000 万名左右未接种疫苗的儿童接种疫苗。

这一赌注引发了数十个问题。贫穷国家有多少儿童接种了最基本的白喉、破伤风和百日咳疫苗？世界卫生组织估计，21 世纪初，大约 3700 万名儿童没有接种白百破三联疫苗。新生儿呢？在发展中国家每年出生的 1 亿名新生儿中，仅有略多于一半的新生儿接种了疫苗，因此每年大约有 5000 万名新生儿需要接种疫苗。如果这种情况持续到幼儿期，那么这些孩子中的相当一部分将死于可预防疾病。让母亲眼睁睁看着完全有权利活下去的孩子死去，这完全是错误的。

1998 年，由比尔的父亲老比尔·盖茨领导的基金会正在努力寻找前进的道路。老比尔是一位成功的律师，身材高大、和蔼、谦虚，有一种特有的幽默感。一天晚上，比尔在父亲家中举办了一场晚餐讨论会。为了找到解决接种疫苗问题的方法，比尔在餐桌上问道："如果你在接种轮状病毒疫苗时遇到困难，为什么不直接买呢？"

一开始，这个问题让在座的人感到惊讶，因为疫苗一直是批量购买的。但比尔解释说，为什么不购买疫苗的知识产权，然后以低得多的成本生产疫苗，并分发给贫穷国家呢？这个想法失败了，因为知识产权只是复杂系统中的一环，而且那种轮状病毒疫苗最终被证明是有问题的。比尔的问题有些异想天开，但让人们想象在没有任何限制的情况下可以做什么，是比尔的另一种方法。我们的团队后来也采用了这种方法，不过并不完全相同。

晚宴后不久，比尔同意投入 7.5 亿美元来解决这个问题。但是，单靠钱并不能解决问题。没有人否认为全世界儿童接种疫苗的重要性，但基金会的投资绝不仅仅是为儿童购买价值 7.5 亿美元的疫苗。正如比尔在晚宴上提出的问题所表明的那样，这笔捐款的目的是做更多的事情。它的目的是启发一种思维和合作，以重塑整个系统，并一劳永逸地解决为未接种疫苗的儿童接种疫苗的问题。

因此，盖茨基金会的资金在公共卫生界引发了一场关于下一步该怎么做的真正的辩论，世界银行、世界卫生组织和联合国儿童基金会等完全或部分致力于儿童健康的官方机构都加入了这场辩论。应该先接种哪些疫苗？为哪些国家接种？哪个更重要？是为儿童注射疫苗，还是在较贫穷的国家建立能够在数年内提供疫苗接种和其他健康成果的卫生系统？

威廉·H.福奇博士是一名医生，曾任美国疾病控制与预防中心主任，1999年加入盖茨基金会。福奇沉默寡言、思维缜密，留着灰色胡子。他是一个传奇，为消灭天花作出了贡献，这是历史上最成功的公共卫生行动之一。福奇能用一种独特的方式让我们看到事情的可能性——我们在主要问题上意见一致，针管与系统的争论实际上并不是分歧，只是看待同一个问题的不同方式。

到我加入盖茨基金会时，儿童的疫苗接种率仅略有提高。全球疫苗免疫联盟帮助1000万名儿童接种了乙型肝炎疫苗，当年这种疾病导致50多万人死亡。截至那时，比尔的贡献主要是帮助揭示了公共卫生，尤其是儿童健康领域的令人难以置信的复杂性。障碍已经变得更加清晰，但没有人知道如何解决。

在你的职业生涯中，你会发现，单靠金钱并不能克服复杂性并取得成果。从某种程度上说，知道这一点是一件好事，这就是为什么不要把所有希望都寄托在意外之财上。但是，简单的问题可以帮助你设定一个目标，并不断调整目标，以保持每个人的专注力。只有当大量资源被用于激励和推动有奉献精神的人重新思考系统本身的问题时，它们才能帮助克服制约因素和避免陷入抱负陷阱。

从一张白纸开始

比尔并没有被复杂性吓倒，他责成盖茨基金会联席主席兼总裁帕蒂·斯通塞弗寻找解决复杂性问题的方法。帕蒂生于印第安纳州，留着短发，眼睛深邃而有神。在蓬勃发展的科技公司急于向公众讲述自己的故事时，她成了一名科技记者。进入微软公司后，她凭借自己的沟通技巧和战略眼光快速晋升，并赢得了比尔和梅琳达的信任。老比尔也继续担任联席主席。

帕蒂是商业和技术领域一流的经营者。她之所以能在充满活力的技术行业脱颖而出，是因为她能够在掌握当前的细节的同时，重新构想未来——这是我在以后的岁月中努力培养的一种品质，我在许多人身上看到了这种品质。

帕蒂对工作充满热情。她在一个有 9 个孩子的天主教家庭长大，这种信仰和家庭氛围推动帕蒂和她的兄弟姐妹们以各自的方式为社区服务。她在办公室的架子上摆放着一个蟋蟀吉明尼（他曾试图将匹诺曹带到正确的道路上）的小雕像，以此提醒自己要遵循良知。

虽然比尔、梅琳达、帕蒂和老比尔都是慈善事业的新手，但他们从自己的成功经验中积累了信心，因此不怕一次又一次重新开始。他们提出的简单问题迫使世界各地的专家重新审视事物。聪明人往往急于描述问题的复杂性，从而使问题看起来难以解决。比尔和梅琳达的问题使讨论从一个新的角度重新开始。他们往往从最基本的问题问起，然后逐步深入。这是一个全新的思考过程，目的是查看是否还有其他前进的道路。

帕蒂的职责就是寻找前进的道路，或者找到能够这么做的人。多年后，我参加了一次会议，一位新同事想了解盖茨基金会的与众不同之处——除了创始人的资源。帕蒂从面前的文件中抽出一张白纸，毫不客气地说："这个。"她随后解释说，我们总是试图从一张白纸开始。

从一张白纸开始，每天都在不断学习。比尔以令人眩晕的速度阅读书籍、研究报告和新闻报道，我们也被要求以同样的速度学习。如果世界上出现了关于疫苗或其他事物的新的、有趣的进展，那么我们就会争先恐后地了解它、掌握它，并在团队中分享它。

一次，我被要求为与联合国儿童基金会（该机构负责为儿童接种疫苗）的会议做准备。当我询问需要做什么时，我被鼓励从基础开始准备。我开始了解联合国儿童基金会是如何运作的。由于地理位置和时机，获取这方面的信息并不容易。在互联网发展初期的西雅图，关于国际援助组织的信息非常有限，而维基百科仍处于起步阶段。但最重要的是，我们不能把别人的答案当作自己的答案。我四处挖掘，阅读能够在互联网上找到的一切内容，并与公共卫生领域的人交谈，从头开始了解该组织。我们被期望要敢于怀疑和探究。盖茨基金会强大的知识新陈代谢培育了这个地方的雄心壮志。与泛美卫生组织相比，盖茨基金会的文化令人振奋。帕蒂和比尔明确表示，我的答案很重要。这在一定程度上是因为他们自己进入这个领域。虽然盖茨基金会内部和周围有许多在公共卫生领域拥有数十年经验的人，但比尔、梅琳达和帕蒂的经验加起来还不到10年。而我当然是一张白纸，渴望学习。

这种共同的求知欲促使我们本能地提出问题，而这与管理流程或理念无关。我们提出的问题很简单，因为这些问题是通向可靠解决方案的基础。它们也合乎逻辑。答案带来了更多的问题。我们在一页又一页的纸上写满答案。对于年轻人来说，这既令人着迷，又给人一种解放的感觉。但对于我来说，由于我多少了解在低收入国家推动公共卫生领域重大改革的难度，因此我感觉这种方法可能具有革命性意义。

当然，也有人认为盖茨基金会团队提出的简单问题过于幼稚，甚至是危险的。在回答这些问题时，人们往往会震惊地强调事情的复杂性。还有人对苏格拉底式的质问感到沮丧。一些人担心这个过程会浪费宝贵的资源和时间，甚至可能危及生命。

当时，虽然我是最年轻的人之一，但我并不认为这些问题幼稚。我认为这些问题很有趣，而且真的很享受回答这些问题所需的脑力劳动。这些问题也是一个机会。我可以通过回答比尔的问题来养活自己。虽然这些问题没有立即使接种疫苗的儿童数量增加，但我觉得自己在帮助每个人更聪明地理解这些问题。我感觉自己非常适合这里。没有什么比一张白纸更有价值或更自由了。毫无疑问，它可能让人感到恐惧。面对这种情况，旧答案（即使它们已经被证明无法解决世界上的问题）会给人提供虚假的安慰。但是，如果你在白纸上写满简单的问题，并努力回答它们，你就会发现新的思维方式，进而找到解决方法，而不仅仅是改善重大社会问题的方法。

追根溯源

我们逐渐意识到，一些问题需要重新回答，比如，比尔在那次会议上提出的为最贫困地区儿童接种疫苗需要多少钱的问题。1993 年，世界银行确定，在贫穷国家为每名儿童接种疫苗以挽救每健康生命年的费用为 10—25 美元（是的，又回到了伤残调整生命年表格）。但近 10 年后，当我们的团队决定自己计算时，我们意识到这些数字是在可疑的或过时的假设和数据的基础上得出的。

专家估计，21 世纪初，全球有 70%—80% 的儿童接种过使用得最广泛的疫苗。但我们很快发现，80% 的上限可能是不准确的。在某些情况下，卫生部和地方官员在收集原始数据时，会要求医生或护士选择一个范围（如 0%—25% 或 25%—50%）并将其当作他们所在社区的免疫接种率。然后将这些估计值汇总，并作为全国疫苗接种率公布。

这些数据看起来很精确，但只需要问几个问题，人们就会发现，这些数字只是一个猜测、一个范围或一个平均值。为了了解真实情况，盖茨基金会聘请了普华永道和德勤会计师事务所的审计师访问非洲各地的疫苗接种诊所。虽然这种方法受到了一些批评，但这些团队还是查看了账簿（通常是手写的日志）。他们的目的不是审计数字，而是获取原始数据。

虽然他们找到的数据很少，但这些都是原始数据，主要来自手写的分类账，它们通常未经整理，被遗忘在诊所的文件柜里。我们很快意识到，数十年来，疫苗接种率一直被高估，主要原因是数据不够全面。肯尼亚是接受审计的国家之一，其报告的疫苗接种率一直在63%左右。经过审计，我们确信这个数字大约为51%。我们审计的大多数地方都有类似的差异。

改进数据后，我们开始重新计算。我们与顾问合作，用我们的软件（当然是微软公司开发的Excel软件）对我们的模型做了微调。在某些情况下，我们不得不进行猜测，如在糟糕的道路上运输疫苗的成本，或者在电力不足的地区冷藏疫苗的成本。

经过将近一年的计算，我们的团队得出了自己的答案。在贫穷国家为每名儿童接种疫苗以挽救每健康生命年的费用为84美元。虽然我们的计算同样基于许多假设，其中一些假设在未来几年被证明是不准确的，但这些假设是建立在诚信和当时可获得的最佳数据的基础上的。破解数学难题令我们兴奋，但答案却让我们垂头丧气，因为它大约是预估费用的5倍。这不是我们希望看到的答案，但它是当时我们能得到的最准确的答案。

但比尔并没有感到气馁。即使成本更高，接种疫苗也比其他方法有效得多。数学计算也会使分析变得更加严谨，这是他多年来通过每个问题一直在追求的东西。虽然答案仍然很复杂，但总成本及其不同组成部分被更清楚地列了出来。我们可以从数字中看到瓶颈在哪里，哪些因素推高了成本，以及我们可以在哪些方面进行干预以带来最大的改变。

我们并没有止步于此。最终，我们的计算显示，在未来10年里，生产和提供现有的儿童基础疫苗需要多花费100亿—135亿美元。如果要增加新的疫苗，如轮状病毒或肺炎球菌疫苗，仅将这些疫苗引入贫困国家就需要30亿—70亿美元。要实现为所有儿童接种疫苗的目标，总费用可能高达390亿美元。

比尔的简单问题迫使我们（以及当时最好的顾问、会计师和研究人员）重新计算。我们不仅得出了新答案，还做出了选择。为儿童接种疫苗的费用显然将远远超过7.5亿美元，那么这笔钱的最佳用途是什么？

一些人认为这些数字证明了复杂性，并认为投资落后的卫生系统（这是造成疫苗接种成本高昂的主要原因）比专注于疫苗更明智。我能理解他们的观点。每个国家、每个社区、每个村庄都是不同的，即使我们可以将疫苗运送到海港或机场，注射疫苗也需要对人员和基础设施进行投资，而这两方面的成本都很高。我们对造成这种情况的原因有了更深入的了解，但克服它不仅需要努力，还需要大量投资，就像数据表明的那样。

最终，比尔结束了这场辩论。我们逐渐认识到卫生系统的复杂性和重要性，但改善这些系统的最佳途径是追求可衡量、可实现的成果，比如儿童疫苗接种。疫苗接种是可以追踪的，而且需要改善系统的每个部分，包括雇用医护人员、改善冷藏条件、购买吉普车运送疫苗等。疫苗是一把利器，可以在拯救生命的同时，推动卫生系统的改革。

为儿童接种疫苗的费用之所以高于预期，主要是因为较贫穷国家卫生系统的糟糕状况。辩论双方最终都是正确的。重新审视问题可以创造一个新的视角，进而揭示出未能预见的障碍和以前没有发现的解决方案。

你可能不喜欢数学和分析揭示的所有答案。如果答案是你有足够的资源和能力去实现你的目标，那么世界很快就会变得更美好。但是，如果你要解决一个足够大的问题，答案很可能是你的资源和能力严重不足。了解问题的本质是解决问题的第一步。你必须着手寻找挑战的根源和改变它的方法。

“如果你有一根魔法杖，你会做什么？”

即使有了新的计算方法，我们仍在寻找需要改变的地方，以兑现比尔和梅琳达的“重注”。我们看着电子表格，系统的复杂性令我们感到沮丧。注射疫苗只是效率低下的疫苗接种系统的一个方面。另一个方面同样令人生畏——疫苗的供应量不足以为所有需要接种的儿童接种。

我们的计算结果显示，接种疫苗的成本高于预期是因为全球疫苗系统效率低下。疫苗生产商之所以无法以足够低的成本生产足够多的疫苗，一个原因是他们无法从规模经济中获益。疫苗生产方式不久前发生了结构性变化，这种变化对富裕国家有利，同时减少了贫穷国家获得疫苗的机会。疫苗是由跨国公司而非慈善机构生产的，前者的根本利益在于获得利润。让这些公司在更短的时间内生产出更便宜的疫苗的方法不是要求它们这么做，而是从它们手里购买疫苗。

扩大采购是许多电话会议的主题。作为盖茨基金会的代表之一，我一直在打电话。有时我确实把自己作为比尔代表的角色看得太重了。我经常过于鲁莽和好斗，尤其是在早期。我经常自负地提出简单的问题，以此来表明自己是对的。我的斗志来自年轻人的雄心壮志，以及我坚信我们的事业是正义的。如果每年有大约 200 万名儿童死于可预防的疾病，那么浪费时间就是在浪费生命。

当我们的想法遇到阻力时，这种不耐烦的情绪就会更加强烈——在那些日子里，我们遇到了许多阻力。在许多次电话会议上，我都能听到联合国儿童基金会勤奋的律师们的声音。利益相关者必须保护他们的利益，而这些律师的工作是保护联合国儿童基金会及其工作人员。他们熟悉规章制度，并要确保该机构不违反相关规定。他们在这方面做得很好，这让我非常沮丧。

过时的规定总是不乏支持者。例如，如果我们提议放松规则，如改变疫苗合同所需的投标数量，某名律师或其他律师就会说这可能会违反规则，这些话常常让我们止步不前。从某种意义上说，这是可以理解的。联合国儿童基金会通过提供教育、医疗、营养等服务来帮助儿童，它的工作人员自然希望保护他们的组织和从事这项重要工作的人。但是，他们在维护机构利益的同时，也在维护太多儿童没有接种疫苗的现状。

幸运的是，我在体制内遇到了一些渴望改变现状的人，而且他们还多次参加电话会议。阿米·巴特森是世界银行的一名卫生专家，世界银行为贫困国家的发展项目提供资金。阿米有独特的想法，而且了解数据、数据的含义以及银行和其他机构的运作方式。阿米认同我们的世界观，乐于尝试新方法，而且擅长调和冲突。

阿米教了我一个用于困难对话的问题，它的效果比我通常表现出的不耐烦好得多。每当我们与以复杂性或规定为由而不作为的人谈话时，她都会问："如果你有一根魔法杖，你会做什么？"我不确定这种技巧是不是阿米发明的。比尔在询问知识产权和其他棘手问题时，也做过类似的事情。无论如何，我立即采用了她的方法。这个问题使我们能够从不同的角度重新开始对话。如果我们避免了讨论变革时产生的抵触情绪，就能得到关于哪些地方真正需要变革的建议。

这个问题真的很有趣，我们向所有人提出了这个问题，从挪威前首相、世界卫生组织前总干事格罗·哈莱姆·布伦特兰（她参与创立了全球疫苗免疫联盟）到实际从事疫苗接种工作的年轻人。这个问题给了每个人想象新的可能性的空间和机会，促使他们走出舒适区并远离日常生活经验。它使他们更有创造力，并重新想象什么是可能的。一些疫苗生产商表示，他们希望用魔法杖来获得更多稳定的订单，以激励对供应系统的投资，并获得规模效益。地方卫生工作者希望以合理的价格获得足够的疫苗（以及安全的注射器和更好的冷藏条件）。联合国儿童基金会的工作人员希望获得更多、更稳定的资金，以便能够从疫苗生产商那里长期采购大量疫苗。

虽然每个人都从不同的角度出发，但所有问答都指向同一个问题，即当前人道主义体系的即时性。

联合国儿童基金会在为世界贫困儿童购买和分发疫苗时，一直面临资金不足的问题。它主要依靠捐助者的帮助来购买疫苗。遗憾的是，捐款不仅不够，还非常不确定，因此它无法与疫苗生产商签订长期采购合同，也无法说服各国加大对疫苗推广项目的投资。遇到紧急情况时，联合国儿童基金会经常呼吁挪威或日本等捐助国提供短期捐款，这些捐款通常只能持续几个星期或几个月，远远不足以扩大全球产能或建立新的分配系统。这也导致疫苗生产商难以制订生产计划，社区诊所无法雇用足够的人员或进行必要的投资，联合国儿童基金会无法有效编制预算。缺乏可预测或可持续的资金，就没有办法扩大规模。如果资金只够维持几个月，那么人们为什么要投资？为什么要雇人？为什么要承诺？

我了解到，找出问题的根源对于找到解决方案是至关重要的。我们第一次明白了，为什么世界挣扎了这么长时间。生产和分配两个环节都存在不公，而负责解决这个问题的机构严重缺乏资源。如果无法解决这个根本问题，人们就无法实现真正的进展，或者至少无法取得可持续的进展。

你也可以使用魔法杖，事实上，有时这是唯一的希望。无论何时何地，当你试图推动重大变革时，你都会遇到一些可能不喜欢现状，但更担心变革带来的风险的个人和机构。这会导致人们无法走出自己的舒适区，同时无法对简单的问题提出有创意的答案。这种恐惧会进一步掩盖问题的根源。为了打破这个循环，你可以问他们，如果他们有一根魔法杖，他们会做什么。他们的回答可以帮助你重新想象什么是可能的，进而看清根本原因，并写下一份待办事项清单。

为什么这项工作重要

2002 年秋，我已经在盖茨基金会工作了将近一年，我热爱这份工作。虽然我偶尔会不耐烦，但我还是沉迷于比尔的问题、帕蒂的白纸、大型电话会议和详细的电子表格。我无疑得到了智力上的锻炼。但我们也会去实地考察，与我们的服务对象交谈，询问他们需要什么以及为什么需要。我曾飞往塞内加尔首都达喀尔，以更好地了解在一个卫生系统相对落后的地方接种疫苗的复杂性。

我在塞内加尔的向导是莫莉·梅尔钦。莫莉出生在美国，20 世纪 70 年代移居塞内加尔。几十年来，莫莉和她创建的非政府组织托斯坦的塞内加尔团队发起了一个项目，最终说服 9500 多个村庄承诺放弃女性割礼，因为这种古老的习俗会严重影响女性的身心健康。托斯坦的团队为此倾听社区领袖的意见，并致力于增加对女性健康和福祉的投资。莫莉永远戴着她的围巾。她精力充沛，总是在走动，而且不管在哪里，都会被认出。

当我坐上莫莉的旧路虎牌汽车时，我想到了将近 10 年前，与苏达山医生在比利吉里兰加山区乘坐类似车辆访问一个又一个村庄的情景。莫莉和苏达山医生的共同点不仅仅是结实耐用的车。他们都拥有与自己的服务对象一起生活，并为其服务的使命感。我又一次成为提出问题的人，我询问事情是如何运作的，以及为何那么运作。大规模接种疫苗之所以既困难又昂贵，其中一个原因是，在塞内加尔和其他许多地方，人们错误地认为疫苗会导致女性不孕。我想了解莫莉和托斯坦的团队是如何说服这么多人改变他们的态度和行为的。

到了傍晚，我和莫莉来到一个村庄。莫莉能说流利的沃洛夫语（塞内加尔的那个地区使用最广泛的语言），她似乎知道每个人的名字和生活经历，这是她几十年来走访这个村庄和其他村庄的结果。我们穿过前来迎接的人群，走进一间屋子，准备在那里与长老会面并讨论接种疫苗的相关事宜。

会议开始前，我们待在一间昏暗的房间里。突然，我听到一阵嘎吱声和轻微的金属碰撞声，同时看到了一把改造过的轮椅。莫莉向我介绍了阿布萨·塞伊，她是一个十几岁的女孩，小时候得了脊髓灰质炎。可能致命的脊髓灰质炎病毒引起脊髓损伤，导致她的四肢虚弱无力。莫莉帮阿布萨找到了一把能用的轮椅，并让她参加了托斯坦的教育课程。在那里，阿布萨学会了阅读和写作，并用沃洛夫语写了一本介绍接种疫苗好处的书。

与阿布萨的会面提醒我，为什么我们关于疫苗接种的工作可能具有深远影响。虽然第一种脊髓灰质炎疫苗发明于 20 世纪 50

年代初，比阿布萨的出生时间早了几十年，但她从未接种过疫苗。虽然她活了下来，但她的生活异常艰难。这也提醒我，我必须坚持下去。阿布萨和莫莉坚持倾听当地人的声音，并在充分了解当地人的语言和文化的基础上，为其提供学习机会。

我在塞内加尔学到的是，虽然有电子表格和白纸，但这项工作是关乎整个大陆的每个像阿布萨这样的孩子的。这次访问让我对令人沮丧的电话会议有了正确的认识，我不仅应该更有耐心，还应该知道取得突破是可能的。有了正确的方法和耐心，就能改变人们的生活。你也会有这样的时刻——行动的紧迫性和耐心的必要性相冲突的时刻。在这样的时刻，最好牢记这项工作为什么重要。

问题导向

2002 年劳动节的那个周末，我在离丹佛国际机场不远的一家奇利斯连锁餐厅与希瓦姆谈论未来。我们在一起已经 7 年了，并于 2000 年结婚。我们之所以仍能保持密切的关系，是因为我们都投身公共服务。我们一起讨论政治，参加研讨会和辩论（我们也去过俱乐部，但是我更擅长分析政策，而不是跳舞）。

虽然我们有共同的爱好，但希瓦姆和我从未在同一座城市工作过。上学期间，我们一直是异地恋。结婚后，我们住在费城，但希瓦姆在纽约的麦肯锡公司工作，而我则要飞往西雅图的盖茨基金会办公室。虽然距离很远，但我们还是坚持下来了。

尽管如此，当我们驱车前往丹佛机场，准备各自前往不同的海岸时，我们一致认为，是时候决定我们的居住地，以及我们可以一起做些什么了。在奇利斯餐厅，我们在餐巾纸的背面列出了西雅图、华盛顿和纽约的利弊后，决定全力投入盖茨基金会，一起搬到西雅图。最终，她也加入了盖茨基金会，从事她热爱的教育工作。

离开丹佛后不久，我见到了帕蒂，与她讨论我关于解决系统即时性问题的新想法。我们显然需要更多、更稳定的资源。最后，我潦草地写下："我们需要可持续融资。"就在这时，帕蒂拿起笔，在"可持续融资"几个字上画了线，并潦草地写道："也许我们可以在这方面有更大的作为。"

比尔后来说："改变的障碍不是不够关心，而是复杂性。"人们没有为全世界的儿童接种疫苗，不是因为人们不想这么做，而是因为没有人知道如何协调无数的系统以实现这个目标。比尔用简单的问题克服了复杂性。他推动我们寻找解决根本性不公的方法。

在这个过程中，我学到的不仅仅是简单问题的力量，还有彻底的解决方案与改良之间的区别。比尔和梅琳达希望彻底解决人类最不公的问题之一，确保每个儿童都能接种预防可预防疾病的疫苗。其他人则没有那么专注，或缺乏问题导向的意识，他们满足于为更多的儿童接种疫苗。

到 2002 年，比尔问题的效果已经非常明显了。这些问题也激发了唯一能改变世界的力量——一群拥有坚定信念的人。盖茨基金会的团队开始相信解决方案是存在的。当我们展望全球疫苗免疫联盟未来的发展方向，以及实现重大变革的方法时，我们清楚地认识到，我们需要简单的问题和更多的问题，才能找到为全世界儿童接种疫苗的方法。

如何提出（并回答）简单的问题

简单的问题始于谦虚。没有人拥有所有答案，也不可能找到所有答案。

世界面临许多复杂的挑战，太多人没有解决温饱问题，气候变化对人类的生存构成威胁，太多的女性和有色人种被忽视或遭受不公正待遇。这些问题涉及多个层面和许多利益相关者。如果你想解决这些挑战，简单的问题会有所帮助。除了谦虚，你还可以按照下面的步骤来提出简单的问题：

- **思考困扰你的全球性问题**。伟大的目标源于强烈的感情。
- **从一张白纸开始**。你想解决什么问题？什么阻碍了你或你的组织进化、成长或进行必要的变革？什么阻碍了你或你的组织蓬勃发展？
- **找到根本原因**。阻碍改变的最大单一因素是什么？
- **重新计算**。你想改变什么？这将影响多少人？帮助他们的最好的方法是什么？实现这个目标的成本是多少？这个成本与目前可用的资源相比如何？

• **使用魔法杖**。问问那些不确定是否需要改变或反对改变的人，如果他们有一根魔法杖，他们会解决当前的什么问题来创造一个完美的世界。

2
率先行动

2004年，在加入盖茨基金会3年后的一天，我坐在一把有些年头的硬椅子上。

我们终于找到了儿童疫苗接种率低的原因。为了真正解决问题，我们不仅需要更多的资金，还需要改革整个系统，以确保世界上每个儿童都能获得疫苗。我和一些同事提出了一个社会影响债券的想法，以重新调整为贫困地区筹措资金、支付疫苗费用和分配疫苗的方式。

但是，为了实现这个想法，我们需要愿意加入，甚至主导这个过程的合作伙伴。

这就是为什么比尔和我在巴黎爱丽舍宫（就在埃菲尔铁塔旁边）一间仿佛用黄金打造的房间里，坐在两把硬邦邦的镀金椅子上，希望说服法国总统雅克·希拉克加入。

在等待发言时，我一直在想着时钟——壁炉上方的那只金色的钟表和我脑海中的那只钟表，它们都在嘀嗒嘀嗒地记录着与希拉克会面的宝贵时间。如果法国加入我们，我们的事业将取得重大进展。我担心我们可能没有时间讨论细节，或者更糟糕的情况是，希拉克可能会拒绝。就个人而言，我同样有担心的理由。如果我们不能把这个新想法付诸实践，我在盖茨基金会的职业生涯就会和我们为所有儿童接种疫苗的宏伟目标一起化为泡影。

原因在于，在通往那个金色房间的路上，我做了一些冒险的尝试。我逐渐了解到，若想实现宏伟的目标，让其他人加入你，有时你必须率先采取行动。你确定的解决方案在其他人看来可能太遥远、太牵强或太冒险，因此，要赢得他们的合作，你可能需要展示自己破釜沉舟的决心。率先行动是有风险的，但这是说服其他人加入你的计划，以建立成功所需的更广泛的联盟的关键因素。

是时候检验我的风险评估能力了。

在私营部门，第一个“孤注一掷”的往往是企业家，因为这会带来最大的回报。但在慈善事业等具有社会影响力的工作中，率先提出新方案并为之投入资源是一种不同类型的风险，其回报方式也不同。除了生活在一个更美好的世界的满足感，为人类“孤注一掷”无法带来有形的或个人的奖励，但失败的后果（名誉扫地、人际关系破裂、职业前景暗淡）是切实存在的。

比尔提出的简单问题和帕蒂的白纸使我们专注于寻找为地球上的每个孩子（而不是更多的孩子）接种疫苗的解决方案，从而使我们避免了抱负陷阱。为了保持专注并实现目标，我们必须建立一个新的联盟，如果有必要，我们会一个个寻找与我们志同道合并愿意承担风险的个人和机构，以确保所有儿童都能接种疫苗。

说服其他人加入一项事业，需要描绘一幅成功的图景，需要投入自己的资源，而最重要的是，需要自己率先行动，以证明冒险是值得的。当比尔和我来到希拉克的办公室时，我已经率先行动，押上自己和盖茨基金会的信誉，并成功说服了一些人加入。但是，如果我们不能使法国和其他富裕国家相信，我们能找到为全世界儿童接种疫苗的解决方案，这一切将一无所获。

为人类的重大变革“孤注一掷”是为了使尽可能多的人过上更好的生活。你可能会发现自己所在的组织不愿意承担风险，或者找不到志同道合的伙伴。要想成功，你必须承担风险，这样才能激励别人和你一起冒险。有时，你必须勇敢地挺身而出。

打破常规

在比尔和我坐在巴黎的金椅子上，试图说服希拉克加入我们的“重注”之前，我已经准备了一段时间。在帕蒂的带领下，我们的团队重新审视了接种疫苗的问题，并找到了接种人数不足的根本原因——即时人道主义捐赠和援助的方法难以奏效。这一认识使我们能够集中注意力。它也让我意识到，我们或许真的能够找到根本性的解决方案。

看到可能性与真正实现目标相距甚远。实现为全世界儿童接种疫苗的目标需要同时改变疫苗市场和销售网络。要做到这一点，我们需要大量资金，而且这些资金不仅要立即到位，还要长期维持。这意味着我们必须吸引其他有实力的参与者，让他们看到实现目标的可能性，并愿意为实现目标承担风险。

直接影响是，参加电话会议的人数比以前更多了。全球疫苗免疫联盟的工作小组不断扩大。我们的成员包括布鲁塞尔的公共卫生专家、金沙萨和其他地方的人道主义工作者、华盛顿智库的政策专家、世界各地的疫苗生产商，以及华尔街的投资者和分析师。我们与任何愿意讨论可能的解决方案的人进行交流。

其中一类会议是帕蒂的另一项创新。这是顶级人才的非正式聚会，旨在讨论为疫苗项目筹集资金的可能途径，我们后来称之为“打破常规小组”。该小组有3位领导人——帕蒂、世界银行的杰夫·兰姆和全球债券巨头太平洋投资管理公司的著名经济学家穆罕默德·埃尔-埃里安。与华尔街资本市场专家的对话帮助我们找到了创新的想法和新的合作伙伴，同时我们也在寻找尚未有人提出或尝试过的解决方案。

盖茨基金会的联络人名单也越来越长，这在一定程度上要归功于首席运营官西尔维娅·伯维尔。西尔维娅是西弗吉尼亚人，思维敏捷，致力于做正确的事。她获得过罗德奖学金，曾在麦肯锡公司工作，后来在克林顿政府担任美国财政部办公室主任。她擅长倾听其他人的想法，并全面分析其潜在的风险和回报。

西尔维娅是一位世界级的运营专家，而且很可能是盖茨基金会人脉最广的人。她能在华盛顿和其他数十个国家的首都找到合适的人选对提案进行压力测试。一次，她把我们的团队介绍给五角大楼的一位预算专家，并让他解释军方如何利用盟国的大量资金，开发出新一代战斗机F-35。这是一个非常有趣的机制，但对我们的参考价值不大，因为美国军方拥有充裕的资金。

30岁的我还不具备说服他人看到一切可能性的能力，更不用说让他们承担必要的财务风险了。我对细节了如指掌，闭着眼睛也能逐行引用我的电子表格。但并非所有人都能看到我认为显而易见的答案。更糟糕的是，当有人看到了答案，甚至认同为所有儿童接种疫苗的必要性，但仍然拒绝承担风险来克服制约因素时，我就会垂头丧气。

幸运的是，我遇到了好友兼盟友艾丽斯·奥尔布赖特。艾丽斯是一个非常优秀的人，坚定、聪明，有创新精神，并且拥有多年的财务经验。在我加入盖茨基金会时，她被任命为疫苗基金的首席财务和投资官，负责管理全球疫苗免疫联盟的财务资源。艾丽斯是美国前国务卿马德琳·奥尔布赖特的女儿，我通过艾丽斯认识了马德琳。

艾丽斯使我不再以非黑即白的方式看待合作伙伴。我最初认为，任何表示担忧的人都过于谨慎，缺乏创造力或没有担当。我将他们的犹豫和疑虑视为对我个人的质疑。但艾丽斯使我看到，人们关心的是自己的利益、声誉和价值观。为了募集足够的资金，我们必须说服许多人（那些与我们的事业或其他任何事业无关的人）以他们不熟悉的方式做事，甚至可能冒利益受损的风险。而仅仅靠灵感是无法说服人们承担风险的。

一家疫苗制造商就是一个很好的例子。我们以个人或工作小组的形式，与能够帮助我们更好地了解疫苗系统的利益相关者进行了交谈。我记得我曾问过一位制药公司的高管，我们听说他非常支持这项事业，既然如此，他为什么不在盖茨基金会和全球疫苗免疫联盟解决疫苗交付问题的承诺下提高产量，这将使他的公司获得一笔意外之财。在我看来，这就是比尔提出的那种简单问题。

随后，他耐心讲解了如何提高产量。提高产量需要设计、申请批准和修建新工厂。并非所有工厂都能生产疫苗，这需要特殊的设备和监管部门的许可。这一切都需要大量的时间和金钱，而较贫穷国家的市场不够大，也不够稳定，无法证明修建这样一座工厂是合理的，更不用说支付建造和运营工厂的费用了。

起初，我对这种交流感到沮丧。没有人会对被拒绝的理由感兴趣。遇到这种情况时，我通常会恼羞成怒，对别人的安于现状感到沮丧。但艾丽斯帮我认识到，最好将与利益相关者的这种对话视为教育，而非拒绝。我知道了这个人的利益所在，而这些可能会在未来派上用场。

与局外人的交流对“孤注一掷”的成功至关重要。聚集与核心团队无关的活跃的思考者，可以为解决方案提供重要的视角，这是我今后经常使用的策略。它往往是最关键的创新的来源。你也可以与那些愿意挑战你的想法，对你说“不”，并在这个过程中教育你的人交流，这同样是有益的。

无论是否完美

2003年6月的一个晚上，我乘坐红眼航班飞往伦敦。我已经习惯了早上从家里出发，在盖茨基金会工作一整天，然后在最后一刻搭上前往美国东海岸或国外的夜间航班。这次，我的目的地是位于伦敦以南约100公里的威尔顿公园，我将参加在那里举行的公共卫生会议。威尔顿公园是一座拥有近550年历史的庄园，看起来就像“哈利·波特”系列中的霍格沃茨魔法学校一样。

和我同行的是我的新老板里克·克劳斯纳。他留着浓密的胡子，戴着大眼镜，看起来更像是在实验室工作的人，而不像是会出现在慈善机构会议室里的人。精力充沛的里克是医生和科学家，曾是美国国家癌症研究所的负责人，并在那里领导了一场改革。里克是盖茨基金会全球健康部门的新负责人，我们很快成为好友——我们都有许多新想法，而且充满激情。

里克表现得非常自信。他坚信我们可以为地球上的每个儿童接种疫苗，可以根除艾滋病，可以防止疟疾夺走成千上万人的生命。他相信科学进步、新想法和优秀的团队能够吸引实现伟大目标所需的支持。在寻找为接种疫苗事业筹集资金的方法的过程中，当我们听到一个想法时，可以在几分钟内研究它，然后拒绝或接受它。

当我们登上飞往伦敦的飞机时，我准备提出三种重组全球疫苗融资的新方法。这些方法都是在“打破常规小组”会议上提出的，基本思路是从较富裕的国家获得新的长期资金的承诺，然后通过保险、抵押借款或其他方式先筹措一部分资金，以弥补资金缺口。其中一个想法是以较富裕国家的承诺为担保，发行新债券，全球疫苗免疫联盟将利用筹得的资金为较贫穷国家的儿童接种疫苗，而较富裕国家将偿还投资者的资金。

资金迅速到位是关键。如果挪威承诺未来20年每年提供500万美元，那么总金额就是1亿美元。但是，与其等着每年拿到500万美元，不如通过债券立即获得1亿美元，用这笔资金与疫苗公司签订合同，并投资于较贫困国家，这样可以立即启动为每名儿童接种疫苗的项目。

降落在希思罗机场后，我和里克拿了几份报纸，准备驱车80分钟前往威尔顿公园。我们坐在租来的汽车后座上阅读报纸，其中几篇与英国工党议员、财政大臣戈登·布朗有关。我随口提到，我一直在关注布朗正在研究的所谓“国际融资机制”，他认为该机制可以提供一种更可靠、更高效的方式来支持较贫穷国家。

当我翻阅另一份报纸时，里克突然兴奋起来，要求进一步了解布朗的提议。我解释说，这将允许以英国等捐赠国的长期承诺为担保发行债券，将这些债券出售给投资者，以便立即为医疗、教育和关键基础设施领域提供急需的资金。当时布朗和他的团队还没有厘清细节。但这种方法是一项创新，并且是基于结果的，因为只有在取得成果的情况下，较富裕国家才会偿还债券投资者。

里克立刻指出了一个缺陷——任何债券都要有一种方法使投资者可以评估其表现，而“人类发展”过于模糊。但他随后提出了一个绝妙的想法——接种疫苗正是这种债券的合适目标，因为它是可评估的。这是一个灵光闪现的时刻。里克和我几乎要尖叫起来。我们立刻开始互相提出一系列问题，以对这个想法进行压力测试。

虽然坐了一夜的飞机，但到达威尔顿公园时，里克和我仍然精力充沛。在城堡里建于文艺复兴时期的走廊上，我们边走边修改演示文稿。我没有逐一介绍三个想法，而是把重点完全放在债券上。我甚至提到了布朗的建议，认为疫苗可以为这种债券的运作提供一个很好的例子。我在没有弄清许多细节，没有做太多准备，没有与比尔沟通，也没有与任何认识布朗的人交谈的情况下，提议设立疫苗接种国际融资机制。

有时，使提议取得真正进展的唯一方法是将其作为一个想法提出，并邀请其他人参与。即使想法还不成熟，其他人也可以参与完成它。企业家经常这样做，以帮助其他人想象新的可能性。托马斯·爱迪生也曾率先行动，向潜在的投资者半虚半实地介绍他的白炽灯泡的潜力。我没有走那么远。我也不是爱迪生——不过比尔可能是。

但即使是无意的，率先行动也是必要的。虽然我们已经有了可观的捐款，盖茨基金会的网络和渠道也在不断发展，但我们还只是一个小团队，正在努力思考这个新想法的方方面面。我们需要描绘一幅成功的图景并积极宣传它，以吸引其他领导者和专家加入我们，帮助我们将其变为现实。

你也需要这样做。我们中的许多人喜欢等到自己的想法变得完美才分享它们，好像再多思考几周，多写几次草稿，就能把它们做得更好。但是，有些时候分享这些想法的效果要好得多，即使它们并不完美。你可以听到自己说出这些想法的声音，看到人们的反应，并获得反馈，从而更快地完善它们。

让对话继续下去

一名听众非常熟悉“国际融资机制”这个概念，她就是什里蒂·瓦德拉。什里蒂是布朗的经济顾问委员会的成员，当时40岁。和我一样，她的父母也是印度移民。她在乌干达出生，在英国上学，毕业于牛津大学。她才华横溢、直言不讳，熟悉英国的官僚机构，对布朗提出的国际融资机制的细节和缺陷了如指掌。

演讲结束后，什里蒂和一名同事邀请我们去小酌。在威尔顿公园的酒吧里，里克和我在一张鸡尾酒餐巾纸上勾勒了疫苗接种国际融资机制的雏形。如果能得到足够多的国家的承诺，全球疫苗免疫联盟就可以将这些承诺证券化，向投资者发行疫苗接种债券。购买债券的投资者将为全球疫苗免疫联盟提供签订长期合同所需的资金，并在取得成果后收回资金和利息，从而使捐助国政府能够兑现其有条件的承诺。

什里蒂听完我们的解释，立即就明白了，毕竟这是以她以前的工作为基础的。她也认为疫苗接种债券是可行的。但她提醒我们，投资者可能会持谨慎态度。全球疫苗免疫联盟取得的成果有限，也没有使用这种创新金融工具的经验。只有当证券得到某个或某些国家政府的背书时，投资者才会购买债券，而许多较富裕国家的国债拥有AAA级的信用评级。不幸的是，政府很少做出长达十几年或二十几年的财政承诺，这在很大程度上是因为选举可能导致政策的重大转变。

什里蒂又看了一眼餐巾纸，说我们需要找到一种担保方式。担保对我们来说并不陌生。我对疫苗接种债券的想法可能还不成熟，但我们已经对这类工具做过充分的研究，知道在债券证明能够独立销售之前，担保人通常是必不可少的。由于我们提出的是一种新型的数十亿美元的社会影响债券，因此一旦计划失败，担保人将损失一大笔资金。

我觉得这是一个机会。我在餐巾纸上画了一个箭头，代表担保人，并说盖茨基金会可以扮演这个角色。当然，我无权做出这样的承诺，尤其是因为盖茨基金会可能需要承担数十亿美元的债务。但我感觉，如果我们加入，什里蒂也会加入。更重要的是，我确信，如果我们不投入资金来表明我们是认真的，这个想法就可能会在酒吧里夭折。

虽然盖茨基金会的名气越来越大，但是如果没有这个概念的发明者的支持，我们很难成功发行一款跨国的、首创的社会影响债券。当时英国是世界第四大经济体，也是国际发展领域的领导者，如果没有英国的支持，我们不可能发行数十亿美元的债券。我们需要布朗的支持。通过率先行动（甚至超越了我的权限），我们成功地使什里蒂和布朗政府加入了我们的计划。

这一刻令人激动，这就是我想象许久的实现重大变革的样子，甚至连鸡尾酒餐巾纸也和我想象的一样。说服像什里蒂这样有地位和智慧的人信任盖茨基金会和我个人，这种感觉非常好。在当时和酒吧打烊后的几个小时里，我都觉得这是一件大事。

第二天清晨，这份协议涉及的金额让我感到不安。我意识到自己显然越权了。当时我只能承诺100万美元或更多的金额。但是，餐巾纸上的那些字则可能意味着一份涉及数十亿美元的协议。为了克服这种突如其来的不安感，我提醒自己，这就是建立大型联盟的方法，也是外交事务中常用的手段。此外，当不安感变成恐慌时，我告诉自己，写在鸡尾酒餐巾纸上的字并不具有法律约束力。

主要合作伙伴和利益相关者需要的不仅仅是成功的图景。他们需要看到你投身其中，这样他们才愿意冒险。如果什里蒂很早就说“不”，那么这个债券可能已经失败了。财务风险是真实存在的。我个人的声誉和事业的风险也是真实存在的。但在那一刻，与这些风险相比，我认为更大的风险是错失一个全力以赴的机会。我学到的是，承诺不仅能避免被拒绝，还能让足够多的人说“是”。

有时你也需要率先行动。要有策略。为合作伙伴创造空间，让他们一起解决问题，与越界做出具有法律约束力的承诺是不同的。有时候，为了让对话继续下去，你必须做出承诺。

担忧是一张路线图

让我感到紧张的部分原因是，我意识到自己在比尔、帕蒂和盖茨基金会其他成员做好准备之前，甚至在他们知道我们的想法之前，就先行一步了。此时，我需要说服他们接受这个想法。帕蒂创造了一个让我们敢于冒险的环境，但我们并不是一个“开火，准备，瞄准”的组织（不过我的做法确实是先开火，后瞄准）。尽管如此，帕蒂还是原谅了我的越权行为。她相信我的想法，鼓励我写一份备忘录，并准备向比尔推销它（后来我们将其称为“国际免疫融资机制”）。

几个星期后，我在曼哈顿历史悠久的广场酒店与比尔会面，当时他正在纽约处理其他事务。虽然我已经在写着他名字的大楼里工作了18个月，但这是我第一次与比尔一对一会面，也是我第一次推销自己的“大想法”。在大厅里，我紧张地来回踱步。随后，我决定把精力放在一些有用的事情上，于是我重读了我与帕蒂、里克和西尔维娅一起花了几个星期的时间精心制作的备忘录。

在与比尔见面几分钟前，我对着镜子检查了领带，然后走向电梯。这时我想起了西尔维娅给我的一条建议。她曾警告我不要再用黑莓手机了。比尔可能帮助我们把数字世界带到我们的指尖，但他当然更喜欢微软的手持设备。我把手机存放在礼宾部后，乘电梯前往比尔的套房。

比尔完全没有浪费时间。我刚坐下，他就从包里拿出我写得满满的备忘录。他显然已经读过了，而且毫不客气。他说：“这是我听过的最愚蠢的事情。这在美国是非法的，行不通的，太复杂了。”当比尔提出一系列问题时，我有些不知所措，但我也提出了我准备好的数据和我认为有必要讨论的反驳观点。比尔在备忘录的空白处和我们讨论的大部分时间里，都巧妙地批评了我的想法。我尽可能快地记笔记，一个小时很快就过去了。我们大部分时间都用在争论怎样做才能使这件事符合美国法律的问题上了，几乎没有讨论担保的问题。

不过，走出比尔的套房时，我还是感到了一种莫名的力量。看着比尔在盖茨基金会的会议室里提出各种问题，我知道，他不会和一个他不尊重的人辩论，也不会花一个小时讨论一个没有价值的想法。即使我已经晕头转向，甚至把黑莓手机忘在了礼宾部，但我在离开时还是很有信心，相信比尔足够尊重我，因此才会把他的时间和精力用在我身上。

我回去拿我的黑莓手机，离开第五大道时，我意识到了另外一件事。比尔在批评中透露了他的担忧。这与担保无关，因为比尔知道债券是如何运作的。他担心的是国家承诺——我们如何从主权国家获得这些承诺，它们是否可行？他还有其他一些担忧，我迅速将这些内容记在脑海里。

虽然我当时还不知道，但比尔列出的问题清单非常有价值。他在一个小时里逐一指出了我的提议的弱点。我需要做的是忘记比尔的语气，把他的清单当作通往“是”的地图。这些担忧就是一张路线图。我只需要逐个解决它们。

必要时不断打磨和重复

把担忧当作通往“是”的路线图是一个关键的转变。来自你真正尊重的人的担忧可能是一张变相的路线图，你应该重视和珍惜它。“不”可能是你走向“是”的第一步。失望是一种自然的反应，但学会倾听反馈意见可以帮助你继续前进。

十几年前，我在纽约就是这样做的。

1989 年，我在密歇根州伯明翰的维利 · E.格罗夫斯高中读高三时，遇到了约翰 · 劳森。我在高一加入了辩论队，当我准备次年的比赛时，学校聘请约翰担任新的辩论队教练。我们的辩论队在密歇根州的政策辩论比赛中有很强的竞争力，因为政策辩论更注重研究而非修辞，但我们在全国比赛中很难与东海岸的强队竞争。约翰认为他可以改变这种局面。作为前律师和辩论赛冠军教练，他为团队注入了活力。他认为辩论赛就像一项校队运动，需要练习和训练。约翰做的第一件事就是扔掉我们的辩论手册。取而代之，他让我们去图书馆，学会用书籍、报刊文章和其他资料来构建论证体系。这正是我需要的。我喜欢这项挑战，也喜欢这种学习方式。

在政策辩论中，辩题（如美国是否应大幅增加对太空探索的投资）会使用一整年。在每场辩论中，我们团队的立场（支持或反对）都会改变。辩手们在赛季开始前的几个星期，以及比赛之间的时间，都在为正反立场构建论证体系。我会花费几个小时的时间将笔记写在索引卡上，然后把它们整理成一个个论证体系，这些索引卡装满了几个公文包。

在那年的一次比赛中，我带着索引卡坐飞机去纽约，住在中央车站附近的凯悦酒店。这是我第一次在没有父母陪伴的情况下来到纽约，但说实话，我对这座城市并不感兴趣。我只关心比赛和我的卡片。当我们走到比赛地点——哥伦比亚大学的一座塔楼时，我感到紧张，但胸有成竹。

在第一轮比赛中，我和我的搭档马克·亨德森以及我们的对手都大吃一惊。三位评委几乎没有辩论赛经验，其中一位从未担任过任何政策辩论的评委。我们甚至不得不在黑板上写下辩题——使用卫星监测环境威胁的利弊，以便他们抄写。

辩论一开始，我们的对手试图用一连串的事实和论据来攻击我们，希望我们会因此感到不知所措，无法应对。但我们保持冷静，将每次攻击都视为一个挑战。我们用卡片来反驳他们的论点，然后提出了根据从太空收集的数据来制定政策的论点。轮到我们发言时，我们当场调整了策略，并没有将争论升级，而是尽可能保持简单，逐个说明对方提出的担忧，直到辩论结束。

经过激烈的辩论，评委宣布我们队获胜。约翰说，我们之所以能获胜，是因为我们明白评委们不熟悉这种形式。我们的胜利得益于约翰经常提出的建议——根据当天评委的情况来构建论证体系，从而赢得支持者。

那段时间的训练令我受益匪浅。在广场酒店的套房里和其他地方与比尔辩论时，我又开始运用高中时学到的技巧——他问一个问题，我就用三个事实来反驳他，如此反复。这很有趣。而且我意识到，这种逐个打消对方担忧的方法在说服像比尔这样的人时非常有效。

当别人对你的想法提出异议时，你不能认为这是针对你个人的。唯一的办法是收集最好的材料，以最有说服力的方式呈现，并在必要时不断打磨和重复。那段辩论岁月不仅为我提供了抵御拒绝的盔甲，还为我提供了一种向别人学习并说服别人的方法——一次解决一个担忧。

弄清全部事实之前

与比尔会面后，我打算像准备辩论赛一样准备国际免疫融资机制的论证材料，不过没有用索引卡。为了寻找灵感，我回到了学校。更确切地说，我走进了位于华盛顿约翰斯·霍普金斯大学高级国际研究学院二楼的一间摆放着许多现代艺术品的办公室。西尔维娅认为，该学院院长、世界银行前财务主管兼常务董事杰西卡·艾因霍恩可能会对推进国际免疫融资机制提供一些建议。

坐在沙发上，我意识到杰西卡对布朗最初的计划和我们要做的事情一清二楚。她也了解该计划的最大障碍。美国已经被排除在外，因为我们无法绕开那些法律障碍。但她同意我们的看法，即如果我们不违反欧盟对各成员国债务上限的规定，欧洲国家可能会加入。

我们要么说服一个国家，让它相信为全世界儿童接种疫苗的事业值得冒超过债务上限的风险（这不太可能），要么想办法绕过债务上限的规定。

当我解释我们目前的想法时，杰西卡一言不发地站起身，走到书架前。她从书架上取下一本很厚的书，放在沙发前的茶几上。这是世界银行的章程。杰西卡解释说，我们可以使承诺附带条件，这意味着它们将取决于某些事件或先决条件。巧妙之处在于，“有条件的援助”不会被计入一个国家的官方账簿，因为至少在理论上，它可能永远不会兑现。因此，欧洲国家的有条件承诺不会被计入债务比例。

遗憾的是，以疫苗接种的目标作为条件是行不通的，因为结果过于遥远，而且投资者很难独立核实。杰西卡翻阅了章程，发现其中有一条规定，如果一个国家拖欠了国际货币基金组织等国际机构的款项，那么对该国的援助就可以被扣留，因此这样的援助可以被视为有条件援助。这意味着，如果我们将一个国家获得国际免疫融资机制资金支持的资格与该国在国际货币基金组织的良好信誉挂钩，那么这可能足以使国际免疫融资机制所需的数十亿美元在法律上被视为账外资金。

这又是一个灵光闪现的时刻。如果我们能得到某个大国的承诺，就能解决比尔的一个担忧，而且可能不需要担保。但在行动前，我需要收集更多的信息。建立一个基于技术细节的融资机制并不是简单地引用一些晦涩的章程。我们的法律意见并不重要，重要的是欧盟监管机构的意见。欧盟国家（我们最大的希望）需要得到欧盟统计局的同意，该机构负责监督和批准数据标准。如果欧盟统计局同意将一个国家所谓的“国际货币基金组织拖欠状态”（一个国家拖欠国际货币基金组织债务）视为对该国疫苗接种的一种有条件的承诺，那么法国、德国和其他欧盟国家就可以在其官方账目之外提供巨额捐款。

当我离开高级国际研究学院时，我意识到杰西卡已经帮我将许多零散的信息联系在一起，这使我有了底气。比尔详细了解了我学到的一切后，准备放手一搏，希望其他人能够效仿。在这种情况下，在建立更大的联盟之前，我们需要先在美国找到一些支持者。

你最好在行动之前就做足功课。但是，即使你先行动了，你仍然需要做功课。只有当你有了让人放心的答案时，他们才会加入。而我则很晚才找到答案。由于比尔的担忧，我进行了深入的研究，最终才发现了这些答案，因为我知道这件事的重要性。在弄清全部事实之前就行动，自然会让人产生紧迫感。

新加入者

几个月后，也就是2004年11月，比尔和我收到消息：希拉克总统欢迎我们前往爱丽舍宫讨论疫苗问题。虽然我们知道他的幕僚对国际免疫融资机制很感兴趣，但我还是被警告说，总统的同意并非板上钉钉。法国及其AAA级的信用评级对我们在儿童疫苗接种事业上的“重注”至关重要。过去几年，我做的一切都是为了这一刻。这也是我第一次与国家元首进行关键性会谈。

我既为能见到这样级别的人感到激动，也担心自己的着装不适合进入一座宫殿。那时，我已经习惯了西雅图更为随意的着装方式。几个月来，我一直四处奔波，仅有的几套西装和几双皮鞋看起来已经很旧了。希瓦姆决定，我不能穿着这样的衣服去见总统。在我出发前，我们赶到公寓附近的商场买了一件新外套和一双新的黑皮鞋。但在赶飞机时，我忘了带鞋子。我希望会面前能够在巴黎买一双新鞋，但没有找到机会。

坐在金色的房间里，我担心的不是提案（我对提案的内容了如指掌），而是时间和鞋底的洞。当比尔让我向希拉克介绍提案时，我用力踩在地上，身体前倾，近到甚至可以闻到茶几上茶碗里的玫瑰香，然后开始详细阐述我们的想法。

希拉克显然很感兴趣。他不仅被为全世界儿童接种疫苗的目标吸引，还被债券提案的新颖性和潜在的政治可行性吸引。他认真倾听，还提到了法国对全球发展的长期承诺，并表示支持该提案。随后，希拉克和我们一同走下金色的楼梯（部分原因是让摄影师拍到他和比尔在一起），向我们道别，这是一个不可思议的时刻。不过，虽然法国当时是世界上最大的经济体之一，是一个强大的合作伙伴，但这还不是可以松一口气的时候，因为我们还有工作要做。

第二天，我们飞往伦敦，在布朗的办公室见到了他本人，与他讨论了国际融资机制的问题。在这间历史悠久（但没有那么金碧辉煌）的财政大臣办公室里进行的谈话非常特别。什里蒂和我见证了他和比尔达成合作协议，这将是践行他们伟大理念（对比尔来说，是儿童疫苗接种；对布朗来说，是国际融资机制）的重要一步。在那天和之后的日子里，我看到了布朗的独特之处——他深信世界将变得更加公平，他拥有改变体系所需的睿智和信心，他愿意承担风险，他善良谦逊。

会议结束后，我给什里蒂打了电话，告诉她，只要得到欧盟统计局的批准，国际免疫融资机制就会成为现实。但我还提到了另外一件事——希拉克的协议很可能帮助我们解决了担保问题。我们的金融分析师已经确认，在法国和英国的支持下，债券不需要担保，凭这些国家的声誉和信用等级就足够了，尤其是考虑到其他国家也有可能加入。

想象无限可能

不过，电话那头却沉默了。过了许久，什里蒂才说："我感到震惊。我现在正在努力冷静下来，好好想想应该如何回应。"我已经忘记了接下来的对话，但我还记得，她的语气瞬间从兴奋变成了绝望，觉得我在最后一秒把她踢开了。我向她道歉，并说我希望我们仍然能够得到布朗的支持，但什里蒂说他们需要评估是否要继续推进。

我搞砸了。在为国际免疫融资机制争取支持的过程中，我了解到，在说"不"的时候，人们会暴露自己的利益和担忧。但我没有意识到的是，当有人说"是"时，情况也是如此。担保也许对国际融资机制的未来并不重要，但对什里蒂的同意至关重要。国际融资机制是布朗的想法和潜在的遗产，而像盖茨基金会这样的组织提供的担保将使其更有可能取得成功，对投资者和选民也更具有吸引力。

挂断电话后，我漫无目的地在伦敦游荡，最终走进了大英博物馆中一座光线很好的雕塑大厅。我坐在雕塑后面的地上，给在西雅图的希瓦姆打电话，那里还是早上。我告诉她，我刚刚可能得罪了整个项目中的关键政府部门的关键人物。

虽然现在回想起来，我的反应有点夸张，但当时我真的是这么认为的。我忽略了对一个重要合作伙伴来说至关重要的东西。而且，当我们获得支持，使国际免疫融资机制成为现实时，我对这些担忧的态度过于轻视了。我应该更仔细地考虑什里蒂和布朗加入的原因。在谈话和传递消息的方式上，我也应该考虑得更周全。

过了一会儿，我的黑莓手机响了。来电显示是“里克·克劳斯纳”。带着他已经和什里蒂通过话的担心，我接了电话。确定里克还没和她谈过话后，我向他描述了什里蒂的反应。他说他认为一切会好起来的，如果国际免疫融资机制真的能够实现，布朗会继续支持。接着，我试图将注意力重新放在积极的方面。我询问比尔对与希拉克和布朗的会谈有何看法，希望他能肯定我的表现。

里克回答说，内容很棒，但比尔有一个问题。我感到心跳加速，便再次紧张地问出了什么问题。里克说：“比尔觉得，与国家元首会面时，你不应该穿有洞的鞋。”我顿感无地自容。而里克则大笑起来。

我和他一起大笑。我从博物馆的地板上站了起来，虽然疲惫，但很振奋。我很快就与什里蒂和解。我很高兴能继续与她和布朗合作，布朗是一位认识到国际免疫融资机制潜力的领导者。

通过率先行动，我在许多人的帮助下说服了拥有不同利益的人，让他们看到更大的可能性。但是，我也要求大家信任我，和我并肩前行，这对他们来说并不容易。回家后，我为核心团队订购了一个纪念品——一个有机琉璃立方体，就像华尔街在达成大交易时会做的那样。立方体上刻着“想象无限可能”。

一系列的突破

几个月后，2005年1月，我和希瓦姆坐在西雅图的家中。我们给家人打电话，告诉他们，我们即将迎来第一个孩子。我给在底特律的父母打电话，我父亲接了，这时我看到了一条信息提醒，于是拿起了我的黑莓手机。那封电子邮件带来了一个好消息，比尔会见了德国总理，后者同意支持国际免疫融资机制。

我赶紧对父亲说：“我有一个大新闻。”我解释说，国际免疫融资机制（我加入盖茨基金会以来一直努力的目标）将成为现实。我告诉他，德国总理已经表示支持，这对儿童疫苗接种事业意义重大。当我描述该机制将如何拯救数百万儿童时，我险些哭了出来。

当父亲向我表示祝贺时，我感觉有人轻轻碰了我一下，于是想起了真正的消息。我告诉他，他的第一个孙子将在那个夏天出生。

为了启动这个融资机制，我在职业生涯中做出了重大冒险。而此时，我和希瓦姆要步入为人父母的新阶段。就像每一位父母一样，我们在没有任何经验和知识的情况下承担了一项巨大的责任，并坚信自己会在实践中不断摸索。

在萨扬出生的那年 8 月，国际免疫融资机制获得了欧盟统计局的批准。这些承诺被视为有条件的承诺，不计入预算。这是英国、法国等国履行承诺的前提条件。意大利、挪威、西班牙和瑞典也加入了这个机制。此外，德国虽然最终没有向国际免疫融资机制捐款，但仍然成为全球疫苗免疫联盟的重要盟友，尤其是在新冠疫情期间。

由于资金变得充裕，全球疫苗免疫联盟在 2006 年到 2007 年对目标国家的捐款增加了一倍以上。在此后的 15 年里，国际免疫融资机制从捐助国得到了超过 95 亿美元的捐款承诺。加上其他创新措施（包括进一步扩大疫苗生产的补充性的“预先市场采购承诺”机制），全球疫苗免疫联盟至今已为发展中国家的近 9.8 亿名儿童接种了疫苗，挽救了约 1600 万人的生命。资金的确定性使全球疫苗免疫联盟得以建立“预先市场采购承诺”机制，该机制允许全球疫苗免疫联盟签订合同，购买尚不存在的疫苗，并为尚不知道自己需要疫苗的国家批量购买疫苗。

当然，全球疫苗免疫联盟的工作不仅仅局限于儿童免疫接种（它和“预先市场采购承诺”机制后来加快了新冠疫苗的生产和分发）。国际融资机制的理念超越了儿童健康的范畴，为其他关注气候、食品安全、教育和可持续发展等问题的社会影响债券提供了范例。

为了保护儿童免受疾病的侵害，比尔和梅琳达提出了一个又一个简单的问题（并开出了一张大额支票）。为使全球疫苗免疫联盟稳定地获得所需资金，我们需要建立一个联盟来支持国际免疫融资机制。这一切并不是理所当然的。这个过程花费了近 10 年的时间。在这期间，我学到了许多，也成长了许多。我成为一名父亲和盖茨基金会的资深成员。

在这段时间里，我见证了简单的问题如何将一个大胆的想法变成一个全球性的倡议。我看到了一系列的突破（先是小突破，然后是更大和更冒险的突破），学会了如何帮助建立一个联盟，并促使各方一起做一些非常重要的事情。我还学会了率先行动，然后说服其他人紧随其后。关键在于找到人们的利益和关注点，并完成解决这些问题的所有必要工作。

比尔和梅琳达的“重注”需要承担风险，因为单靠一个组织的力量永远无法实现如此宏大的目标。我们说服了许多拥有不同利益的人（慈善家、援助工作者、律师、金融家、国家元首和大型组织）参与其中。他们并不是在同一时间，也不是出于同样的原因加入我们的，但他们都愿意冒险支持一个非凡的愿景——每个生命都应该被平等对待。

如何率先行动

当今挑战的复杂性使潜在的解决方案充满风险。对于许多人来说，这些风险是难以承受的。要想取得显著的、变革性的成果，你必须找到说服人们与你一起冒险的方法。这往往需要你率先行动，要让人们相信你愿意承担风险，这样他们会更有信心去做同样的事。如果他们仍有顾虑，你可能需要帮助他们克服这种不安感。

即使事情进展顺利，你也要记住，冒险仍然对你和你的伙伴提出了很高的要求。当你说服人们纵身跳下时，无论最终是否成功着陆，下落的过程都是十分紧张的。你必须牢记自己做出的所有承诺，同时关注人们承受的压力。

率先行动是有风险的。事实上，有时你会失败。但改变世界值得你去冒险。

以下是一些如何说服他人冒险的建议：

- **打破常规**。优先征求核心团队以外的人的意见，并将其作为你的工作流程的一部分。
- **率先行动**。有时，你需要超越自己，甚至超越你的团队，才能让别人加入进来。
- **将担忧视为挑战**。绝不能忽视潜在的合作伙伴的谨慎和疑虑，但也不应该将其视为“死刑判决”。相反，它们可以指出你假设中的弱点，并促使你加强你的论据，说服其他摇摆不定的人。
- **做足功课**。无论何时，你都要做好兑现承诺所需的工作。
- **记住你的承诺**。行动是有压力的，善待加入你的人。

3
打开旋转门

当你为一个大目标而努力时，最糟糕的事情莫过于感觉自己不属于这里。

2001 年，我走进盖茨基金会的一间会议室，突然发现自己在正确的时间出现在正确的地点。在那里，我学会了如何制订雄心勃勃的远大目标，如何通过坚持提出简单的问题来确定实现目标所需的关键性突破。现在是 2010 年 1 月，我即将进入椭圆形办公室，世界上许多重大决策都是在这里做出的。在这里，我将学习团队合作的价值，并学会挖掘他人的优势。

大约一个星期前，我宣誓就任奥巴马政府的美国国际开发署署长。美国国际开发署拥有 8000 名员工，在 100 多个国家开展业务，致力于帮助世界各地的发展。不久之后，海地发生大地震，这场地震导致 22 万多人丧生。作为领导美国政府应对这场灾难的人，我受到公众的关注。危机爆发几个小时后，奥巴马总统就打电话给我，决定由我负责美国的援助工作。

这场灾难的规模令人震惊。就在距离美国海岸大约 1300 千米的地方，整个国家的政府部门和关键基础设施几乎全被摧毁。除了遇难者，还有 30 万名伤者，以及数量未知的仍被困在废墟下的人。许多幸存者正在寻找食物、干净的水和住所——所有生活必需品。我们正在努力应对这一巨大的灾难。

对于奥巴马总统来说，迎接挑战不是选择，而是必须做出的决定。一些“重注”就是这样的，是由事件推动的。由于海地地震使传统的救灾措施变得不可行，因此我需要做一些在盖茨基金会做过的事情，但速度更快，风险更高，还要受到媒体的监督，并要考虑地缘政治的因素。为了实现总统的目标，我们必须找到解决方案，建立广泛的联盟，并追踪结果，以挽救无数生命，为大量流离失所者提供食物和住所，并与在地震前就长期困扰海地的健康问题作斗争。我们无法解决海地在 2010 年 1 月面临的所有问题，但我们力求解决最紧迫的问题——没有适当的救灾措施。

当一名白宫助理终于告诉我可以进入椭圆形办公室时，我正全神贯注地思考着救灾的事。我几乎整晚没睡，与应急团队一起收集数据，并监控我们的初步行动。我扫视房间，发现这个房间比想象的更加明亮和安静。我看到副总统乔·拜登和奥巴马总统正站在“坚毅桌”后面，透过一扇窗户向外望去。

拜登背对着我，对奥巴马说：“我们确定要让拉吉夫·沙阿来负责这件事吗？他刚来，30 来岁。”然后我听到副总统提出了一个替代人选——另一个机构的负责人。我愣了一会儿，不知道该怎么办。奥巴马听到我走进房间，转过身来请我坐下，但我仍然在想，是该走出去，还是躲到沙发后面。

我明白拜登的意思。那年我 36 岁。虽然我在盖茨基金会快速晋升，并在华盛顿工作了几个月，但我仍然没有经过考验。我确实觉得自己准备不足。我的目标是扩大和改革美国在海外应对灾害和促进发展的方式。为此，我已经制订了一个为期 100 天的改革计划，但海地的灾难使我的计划变得无关紧要。当我还在学习和了解我负责的机构时，我就被委以重任，负责协调一场重大灾难的救援工作，而且这项任务涉及道德后果。

在华盛顿，人们往往希望“独占”一个问题或一项责任。专业化和明确划分责任的需求有其合理性，但这同样与自尊心和权力有关。华盛顿的一些人通过强硬的手段和封闭的团队来保护自己的“地盘”，他们希望控制一个庞大的部门，或在某个问题上主导决策，尤其是在危机时刻。

在听到副总统在椭圆形办公室低声表达顾虑之前，我已经知道自己无法控制海地的局势——没有人可以。但听到他的话后，我清楚地意识到，我没有时间按自己的节奏来弄清楚这份工作了。我需要寻求帮助，并尽可能地利用这些帮助。我需要组建一个由值得信赖的专家组成的团队来补充我欠缺的知识，这是确保我们能在海地达成目标的唯一途径，毕竟其他方式的风险太大了。

在接下来的几个月里，我将学到一个之后我会反复运用的重要教训：在这样的危急关头，人们真的希望提供帮助。为了更好地利用这些帮助，你必须采取措施，确保每个人都觉得自己被接受和被重视。

每个工作场所都有一种方式来明确谁属于这里。如果你想“孤注一掷”，就必须想方设法加入、建立或管理大型团队，有时甚至是混乱的团队。要想让每个人都发挥最大的潜能，最好的办法是让他们感到自己是团队的一员。独自完成工作或许可以带来荣耀，但团队合作才能带来力量和规模。

迅速、协同和积极

在那次椭圆形办公室会议的一年前，我正坐在西雅图的派拉蒙剧院里，这是一个经常举办百老汇音乐剧巡演的华丽场所。希瓦姆和我很幸运地得到了门票，和数百人一起观看奥巴马总统的就职典礼。即使 3 岁的萨扬坐在我的腿上，几个月大的阿姆娜坐在希瓦姆的婴儿背袋里，我们还是被第一位有色人种总统宣誓就职的历史性时刻深深吸引。当他发表就职演说时，我们感到非常激动和兴奋。

我不只是被奥巴马的演讲鼓舞。我不仅在看美国的新总统，还在看一个可能成为我未来老板的人。就职典礼前几天，我正在盖茨基金会主持会议，助理突然打断我。我接到了汤姆 · 维尔萨克的电话，他是前艾奥瓦州州长，很早就是即将上任的总统的支持者。他想让我到新政府的农业部工作。

许多人认为我根本不应该考虑这个职位。当时盖茨基金会已经兑现了对全球疫苗免疫联盟的承诺，为21世纪的慈善事业开辟了新的道路。它拥有远大的抱负、强大的分析能力、新颖的策略和大量资源，看起来将以一种全新的方式推动变革。华盛顿州的西雅图正在发生一些特别的事情。

与此同时，另一个华盛顿似乎陷入了抱负陷阱。我在医学院时梦想着从政，在参加戈尔的竞选活动时憧憬着白宫，我觉得那是实现最大变革的途径。但奥巴马刚上任时的华盛顿有时就像一场噩梦，重要的似乎不是解决问题，而是抱怨问题或指责他人不作为。面对这个时代的诸多挑战——恐怖主义、金融危机、气候变化、种族分裂，美国政府束手无策，只能被动应对。

但当奥巴马谈到当下的承诺，谈到让政治和政府真正发挥作用时，我认为这将打破华盛顿的困局。我对奥巴马这样一位年轻有为的总统能够带来的改变充满期待。虽然我将离开比尔、帕蒂、西尔维娅和其他人，但我学到了一些宝贵的经验——给世界带来深刻变革是可能的。美国政府拥有强大的力量，将我的经验带到美国政府，帮助改善政府的运作和效率，这样的前景意义重大，我无法拒绝。

在农业部短暂任职期间，我与时任国务卿的希拉里·克林顿一起参与了一些全球反饥饿倡议。我对希拉里的知识感到惊讶，这些知识往往来自她的经验。她真正关心我们服务的对象。一天早上，我拿起黑莓手机，吃惊地听到希拉里的声音，她向我提供了一个领导美国国际开发署的机会，这是我梦寐以求的工作。当时的问题是，政府能否支持我实现我所期待的大变革。

海地地震发生前一个星期，当我走进美国国际开发署时，它已经大不如前了。该机构由约翰·肯尼迪总统创建，曾是美国在海外开展公益事业的象征。但是，经过几十年的预算削减和重组，它已经变得面目全非。奥巴马总统的母亲在其职业生涯中曾参与美国国际开发署的一个项目，他希望我们能够重新找回该机构的创始精神，再次像其标志上伸出的双手一样，将美国的价值观传递给世界上最贫困的地区。

海地地震是对我、美国国际开发署和美国的一次考验和机遇。海地政府在这次地震中几乎被摧毁——几乎所有政府大楼都倒塌了。在现代史上类似的紧急事件中，联合国通常会主导救援行动，世界各国会提供援助，由联合国在现场协调。不幸的是，地震摧毁了位于首都太子港的联合国驻海地办事处，100 多名联合国工作人员丧生，这重创了联合国的第一反应能力，进而严重削弱了全世界的快速反应能力。

奥巴马总统从一开始就决定全力以赴。他承诺，美国将支持这个距离我们的海岸仅有两小时航程的邻国，并将通过“迅速、协调和积极”的应对来证明美国可以利用其力量做出善举。这对美国来说是一件大事，而美国国际开发署则负责领导这次救灾行动。“迅速、协调和积极”成了我的座右铭。

事实证明，它们从一开始就面临挑战。这场灾难激发了许多人的热情，我的邮箱被美国国际开发署近 8000 名工作人员的想法和提供帮助的请求淹没。在这支庞大的员工队伍中，我只与一个人有过深入合作。由于海地靠近美国，而且与美国政府关系密切，我突然收到了来自机构内部、整个联邦政府和政府之外的大量请愿。

为了充分利用这些帮助，我不得不做出改变。在盖茨基金会工作将近8年后，我已经习惯了比尔那种好斗、竞争的工作方式。我们以努力工作、力求准确并证明自己正确为荣。我用我的工作、我的数学、我的想法乃至我的冒险精神来说服人们加入我的计划或听取我的意见。但是，在领导一个主要政府机构时，我需要在危机中学习如何与其他人（其中大多数人是陌生人）合作，如何迅速将大量提供帮助的请愿转化为协调、积极的救援行动，以挽救生命。

接受所有帮助

对于我来说，这项工作在拜登提出接替我的人选后不久就开始了。我在椭圆形办公室偷听到，副总统对奥巴马说："你可以让克雷格负责。"虽然我初来乍到，但我认识这位"克雷格"，他是克雷格·福盖特，曾是佛罗里达州的消防员，后任联邦紧急事务管理局局长。虽然奥巴马听到了这个建议，但他既没有反对，也没有同意。

在未来，拜登副总统和我将在多个问题上密切合作。拜登不会说没有实质性内容的废话。在接下来的几个星期和几年里，他是我在华盛顿最好的合作伙伴、盟友和保护者。但当他的疑虑逐渐加深时，我正坐在椭圆形办公室的米色沙发上，突然想起了前一天在白宫战情室的一幕。

在之前的一次会议中，我与国务卿希拉里、国防部长罗伯特·盖茨、参谋长联席会议主席迈克尔·马伦上将和其他高级官员讨论时，我说我们需要使用美军的C-13s飞机。考虑到太子港机场遭受了严重的破坏，美军的空运是将救援物资快速运往海地的最佳方式。

我的请求只有一个问题——C-13s飞机根本不存在。我犯了一个错误。我本想要C-130运输机，这种飞机可以在被破坏的跑道上起飞，对于从美国运送搜救队至关重要。所有人都礼貌地保持沉默，没有人纠正我。仅仅过了几个小时，我们便让飞机载着搜救队起飞了。

当其他参会者走进椭圆形办公室，与我一起坐在沙发上时，我的回忆被打断了。参会者包括国务卿希拉里，前亚利桑那州州长、国土安全部部长珍妮特·纳波利塔诺和克雷格。奥巴马坐在壁炉旁的扶手椅上。在这种会议上，即使是在危机期间，总统也总是拥有明确的目标，掌握大量信息，而且异常冷静。他有纵观全局的能力，知道像海地这样的单一问题会如何影响美国的整体利益。

拜登坐在他旁边的椅子上，奥巴马向他询问最新情况。纳波利塔诺是美国成就最高的公务员之一，具有很强的领导力。她扼要介绍了她的部门为应对危机所做的所有准备工作。不过，虽然国土安全部拥有强大的能力，但它的许多部门（包括联邦紧急事务管理局）主要关注美国国内事务，而非国际热点问题。也许是感受到了我对纳波利塔诺的敬意，以及奥巴马对海地局势的兴趣，克雷格打断了她，并提议让我做简报。

我的简报进行得很顺利，没有再犯类似“C-13s飞机”这样的错误。但当我走出椭圆形办公室时，我知道我需要以不同的方式行事。在华盛顿，人们希望和期待的正是我刚刚在会议中看到的——一个听起来比实际情况更协调的简报。我认为，如果我们想在海地挽救生命，做出完全协调的应对，并充分利用政府资源，那么我们就必须用不同的方式来处理这场危机。那天在椭圆形办公室，我还不确定“不同的方式”到底意味着什么，但我知道我不能“独占”它。

会议结束时，我问克雷格，我们是否可以谈谈。我对他印象深刻，因为他似乎并不关心谁有机会与总统交谈，而更在意简报是否正确。我问克雷格是否愿意在海地问题上与我合作。克雷格提出了一个更好的建议——他主动提出搬到我们的应急指挥中心，和我一起日夜工作。当他来到美国国际开发署时，我感到的不是轻松，而是兴奋。克雷格带来了经验、信心和联邦紧急事务管理局令人难以置信的能力。但最重要的是，他的到来标志着我们的救灾工作将更多地关注在海地取得的成果，而不是华盛顿的“地盘”之争。

在接下来的几个月里，克雷格和我通力合作。我还与马伦上将、肯·基恩中将和谢丽尔·米尔斯建立了同样密切而富有成效的关系。马伦上将邀请我出席在五角大楼的“坦克”会议室举行的主席简报会；基恩中将是美国南方司令部副司令，负责领导军方的地面行动；谢丽尔是国务卿希拉里的顾问兼幕僚长，参与管理国务院。

我们夜以继日地组织大规模救灾行动，部署了2万名美国文职人员和军人，为流离失所的海地人建立安全区。我们还派出了700名城市搜救队队员，在废墟中寻找幸存者。与此同时，美国空军在48小时内恢复了太子港机场的功能，使我们能够更快、更大规模地运送设备和人员。

没有人能“独占”这么大的赌注。在领导美国历史上规模最大的人道主义救援行动的过程中，我学到了要接受一切可能得到的帮助。这就需要找到追踪援助意向，跟进它们，并表示感谢的方法。你需要学会如何与新伙伴合作，这带来的潜在收益远大于风险。

评　分

当克雷格第一次走进美国国际开发署的应急指挥中心时，我已经知道这不是一个理想地点。美国国际开发署位于距离白宫几个街区的罗纳德·里根大厦。但是，位于这座大厦9层的运营中心远远谈不上现代化。这里只有几块白板，有太多的隔间，还有5个显示不同时区时间的时钟。虽然穿着印有“美国国际开发署灾害援助应急小组”字样衣服的人越来越多，但这里没有任何令人印象深刻之处。

当时，那里的几乎每个人对我来说都是陌生人。我把我的助理尼尚特·罗伊从农业部带到了美国国际开发署，他是一名空军退伍军人。我很快就发现自己非常依赖苏珊·雷切尔，她是这里的资深员工，之前曾在哥伦比亚成功地管理过军民合作项目，因此她非常善于协调不同类型的团队共同完成一个目标。从地震发生的那一刻起，苏珊就一直在管理应急指挥中心。

克雷格、苏珊和我讨论的首要问题之一是我们需要更好的数据，也就是来自实地的持续信息流。如果使用得当，这些数据可以帮助我们制定策略并指导行动。这是我在盖茨基金会工作时学到的，无论是疫苗项目，还是后来的食品项目。我们必须依靠来自一线的可靠数据，没有替代方案。数据是评估你的资金和行动是否有效的唯一方式。

在危机中，我很快就了解到，人道主义数据的收集和报告并不总是按照我们认为的方式进行。政府通常会发布情况报告，列出与前一天相比有变化的数据，但我们想要一种明确的方式来评估需求，以及我们是否在解决海地在地震后遇到的问题。例如，我们需要知道多少人需要基本的大米配给，以及我们需要在哪里投入更多的资源来实现这个目标。

为了帮助我们建立一个数据系统，我派尼尚特前往海地，作为我们在现场的“耳目”，并将最新信息反馈给应急指挥中心。尼尚特很有魅力和外交手腕，他的从军经历也有助于他与在海地执行任务的军人建立联系。尼尚特到海地后不久，数据就开始涌入。我希望妥善整理这些数据，以便明确我们的目标。一次，我突然说，我们需要一个“记分卡”来了解我们的工作情况。

就这样，我们有了记分卡。我们认真记录每项工作，定期监测水和食物供应、卫生状况、废墟清理、入院人数等的变化。例如，我们的供水指标不仅包括多少个营地获得了供水，还包括供水量、为使水可以饮用所需的氯片数量等。我们甚至记录了送水所需的燃料量。然后，我们会列出我们的目标（一个可衡量的数字）、当前的进展（一个百分比）和实现目标所需的行动（全部行动）。

这些文件不仅对我在白宫和其他地方的简报至关重要，在协调这样一个庞大、多元的团队开展如此大规模的国际救灾行动时同样至关重要。记分卡可以评估我们团队合作的效果，以及我们改善海地人民灾后生活的进展情况。面对如此重大的灾难和如此多样化的团队，记分卡是每个人真正需要的唯一文件，每个人都希望确保自己的信息被录入其中。

数据驱动的管理方法并不新鲜，许多政府机构都有自己的评估表现指标。但我从处理海地灾难的工作中学到的是，保持记录可以让每个人保持一致。我们没有让每个团队各自保留数据，而是在应急指挥中心和整个政府部门公开、广泛地分享数据，即使这种做法引发了一些人的怀疑，尤其是在数据没有立即变好的日子里。但是，即使数据指向失败，分享数据也有助于建立团队所需的信任，并能引起人们对需要关注的领域的重视——对于我们来说，以其他方式引起注意的风险太大了。

“独占”某些东西往往从“独占”数据开始，这也是人们拒绝分享数据的原因之一。如果看不到分数，就没有人能评估表现或追究责任。虽然可能有人泄露了我们的指标或以某种方式滥用了数据，但并没有发生重大泄密事件。事实上，分享信息将我们这个庞大而多元的团队团结了起来。

你也可以评分。你只需要一张纸和一支笔。这些记分卡可以很复杂——配有图表和各种花哨的东西。但其实你只需要画一张表，上面有三列，分别是你要评估的结果、成功的目标和当前的进度。只要坚持这样做，你就能看到自己在哪些方面取得了成功，哪些方面需要帮助。

相信人们能作出有价值的贡献

危机发生几个星期后，美国国际开发署的应急指挥中心发生了巨大的变化。这里变得非常凌乱，到处都是咖啡杯、以太网电缆和多余的桌子。我环顾四周，看到穿着军装及其他机构的衬衫、背心和帽子的人与我们团队的成员坐在一起，有时甚至挤在同一个隔间里。这个房间象征着我们已经成为一个庞大而混乱的团队。

将所有人集中到一个地方并不容易，政府的规章制度使分享资源（无论是人员、平台，还是信息）变得困难。每个加入团队的人都需要填写表格，其他机构的贡献越大，需要填写的表格就越多。例如，美国国际开发署必须向美国国防部支付使用C-130飞机的费用。正常情况下，每次飞机起飞时，我们都必须提交一份授权申请，并同意支付费用。通过团队合作，我们能够简化流程并克服部分文书方面的障碍。

并不是每个人都喜欢大团队造成的混乱。克雷格更喜欢在较小的圈子中做决定，而我则向每个人征求意见，听取建议。因此，运营中心变得有些散漫。一次，我甚至不得不打断了一场激烈的争论，挡在两个男人中间，因为他们眼看就要动手了。

但是，即使在某些紧张的时刻存在官僚主义作风，我也能看到把人们集中在一起的好处。例如，一名军官坐在一名外交官旁边，与一名洛杉矶消防员和城市搜救专家通了电话，讨论一项新技术，然后与在太子港某个社区实地工作的人通话，让他们尝试这项技术。我们的白板上写满了各种信息和想法，这些信息和想法可能会在未来几个小时、几天和几个星期推动我们的行动。

一天，我从白宫赶回应急指挥中心时，发现许多人排成一条长队，准备进入我们的总部。我很快意识到问题所在——9 层的多部门团队制造了可能导致分裂的拥堵。我从队伍旁边走过，因为美国国际开发署的员工可以自由进出。如果他们出去喝咖啡或回家与家人共进晚餐，只需要刷一下政府证件就可以重新进入。但被派到我们这里的外部人员必须排队领取临时贴纸才能进入旋转门（这是现代化的电子安检门，所以严格来说并不会“旋转”）。每天，我都会看到外部人员排长队等待，而美国国际开发署的同事却从旁边悠闲地走过。

我询问可以做些什么来解决这个问题，但改进建议听起来更加烦琐。我询问是否可以一直打开旋转门，这样任何人都可以进出。大楼的安保团队非常认真，提出需要仔细审查这样做的影响。但因为我很直接，他们也关心这项任务，因此大门最终还是打开了。虽然打开旋转门只节省了大约10分钟的时间，但这传递了一则信息，那就是我们属于同一个团队，拥有平等的地位。这项举措使团队成员更加团结，增强了成员间的信任和友谊，这对成功非常重要。

虽然偶尔有不愉快和分歧，但拥挤的应急指挥中心带来的收益远远超过了这些麻烦。人们都希望能坚守岗位。一次，暴风雪导致华盛顿瘫痪，团队中大部分人搬到了步行距离内的一家宾馆，以免被冰封的道路阻挡。如果打开旋转门，每天为人们节省几分钟时间，能促进这种奉献精神，那就是值得的。

从那时起，“打开旋转门”就成为我的座右铭之一，这个概念的适用范围远远超过建筑安全。每当我发现阻碍团队、合作伙伴或联盟成员之间更顺畅合作的障碍时，我就会问，我们是否应该打开旋转门，以及我们如何才能拆除围墙，促进更加密切的合作。

更重要的是，打开旋转门也释放了一个重要的信号。如果我们的目标是通过迅速、协调和积极的反应来应对海地的灾难，那么任何障碍都无法阻挡我们的脚步。我想让每个人都知道，他们也是团队中的一员，以及结果比华盛顿的繁文缛节更重要。我们愿意在华盛顿做出额外的努力，甚至承担相对小的风险，我希望这能激励人们继续为海地付出自己的一切。

无论你是领导者，还是只是协助别人的“重注”，你都有办法激发合作伙伴的最佳表现，并倾听和学习他们的意见，即使你们的专业领域可能并不一致。这需要耐心，但信任始于让每个人都感到自己是受欢迎的和被包容的，你相信他们能作出有价值的贡献。

找到归属感

我之所以如此重视打开旋转门，一个原因是我深知被排除在团队之外的感觉。

我对政治和华盛顿的兴趣始于童年，那时候我常常听到父亲通过模仿罗纳德·里根总统的演讲录音来练习英语。对于我父亲来说，听里根的演讲与政治无关，而是为了模仿那种美国的节奏，这是我们全家人一直在努力追求的。

我小时候听总统演讲的理由则与父亲不同。在他看来，政治就是语言和口音。如果你的口音听起来像国家领导人，你就属于这个地方。在我看来，政治是获得归属感和为国家作贡献的途径。我在美国出生和长大，我的口音比我的父亲更像里根。但我很少看到像我这样的人参与地方或全国的政治活动。

代表权很重要。在我小的时候，福特汽车公司派我父亲去管理费城郊外农村地区的一家电子厂。虽然我们家在底特律的移民社区生活过，但在这里，我们显得非常与众不同，我经常有格格不入的感觉。

在一所几百个学生中只有少数有色人种孩子的中学里，六年级刚开学的几个月里，我的班主任总是念错我的名字。虽然我会及时纠正他，但他还是经常用各种变音来称呼我。直到有一天，在印度新总理（也叫“拉吉夫”）上任的新闻播出后的第二天早上，我的老师说他通过看新闻，终于知道了我的名字的正确发音。

由于这个和其他原因，我对政治的看法与同龄人不同。当我躺在宾夕法尼亚州家中客厅的地板上，看着电视里的里根和其他政治家时，我几乎看不到像我一样的面孔，我从未有过归属感。随着年龄的增长，我对政治产生了浓厚的兴趣。这不仅是为了推动重大变革，也是为了扩大圈子，将边界向外扩展，让其他人感到自己是受欢迎的。政治是改变国家的一种方式，这样其他孩子，包括我自己的孩子，就不会被念错名字，甚至遭遇更糟糕的事情。

希瓦姆也有同样的追求，这促使我们在研究生院发起了一项倡议，以扩大印度裔美国人在政治中的代表权。这是我暂时离开医学院，加入戈尔在纳什维尔的竞选团队的原因。这也是我在竞选初期感到绝望的原因，当时我觉得自己被排挤在实质性工作之外。

不过，我还是交到了好友。我很快就和菲利普·莱因斯熟络起来，他是一个思维敏捷的纽约人。和我一样，菲利普也是局外人，这是他第一次参加大型竞选活动，但他很快就证明了自己的写作天赋和应对媒体的能力。我们会和来自马萨诸塞州的年轻演讲稿撰写人杰夫·努斯鲍姆，以及其他与我们年龄相仿的人一起出去玩。我们会工作一整天，晚上在华夫饼屋喝咖啡，直到深夜，梦想着在白宫的未来。

到大选之夜，虽然我们这群年轻的助理还没有成为高级职员，但至少在我们自己看来，我们已经变得相对重要。当选举结果受到质疑时，我们都被迫采取行动，包括研究应对策略、撰写简报和演讲稿，以及与记者交谈。从人生和历史的角度来看，尤其考虑到竞选最终失败了，这些事情并没有太大的影响。但无论如何，归属感（朋友和同事们团结起来，共同应对巨大的挑战）是工作生活中的一大乐趣。

我还学到了一条受益终身的经验——团队可以做出非凡的成就，但前提是每个人都有归属感，都能参与其中并对团队的努力充满热情。如果团队内部存在局内人和局外人，那么总会有人觉得自己不被重视。

这也是我对旋转门做出反应的原因。这与浪费时间无关，而是关乎团结，我希望每个人都感到自己受到重视，这样人们才能全力以赴。

重复你自己

地震发生几天后，我和希拉里一起来到太子港。希拉里是一位好上司，她总是指导、保护并督促我和她的团队中的每个人，让我们做得更好。我也很喜欢与她的幕僚一起工作，包括谢丽尔和菲利普。菲利普与我在戈尔的竞选团队共事过，如今已经加入希拉里的竞选团队。

海地的日程非常紧凑。前一分钟，我还和海地总统勒内·普雷瓦尔一起，走在受灾的机场。接着，我又要与刚刚抵达海地的美国军方或民间救援队会面。我与参与救灾的人道主义组织交流，然后拜访美国大使馆的工作人员，其中一些是美国国际开发署的雇员。我还见了一些迅速赶来提供帮助的知名合作伙伴，比如以烹饪和非营利工作闻名的厨师何塞·安德烈斯和演员兼社会活动家西恩·潘。

不过，最令人难忘的是与海地人面对面的交流。我在机场、过度拥挤的避难所和医院，以及附近被地震摧毁的社区与他们会面。我还记得在一间临时搭建的户外急诊室与一位母亲交谈的情景，她的腿上有一道很深的伤口，可能需要截肢。但她最关心的是自己的孩子，其中一个还在废墟中。

在从海地回国的飞机上，希拉里、谢丽尔、菲利普和我就我们的所见所闻交换了意见。我们在海地观察和倾听，形成自己的看法，以便在离开后更好地支持我们的团队，希拉里则特别擅长这一点。她能找到最有用的信息，并确保国务院庞大的机构能最好地为我们在前方救灾的团队服务，我也尽力这样做。

我们在午夜之后回到华盛顿，当时是星期日。当我踏上停机坪时，菲利普在跑道上对我大喊："今晚肯定睡不了多久，我们明早还有许多事要做。"白宫安排我和基恩中将（他是我们在救灾现场的一位出色的合作伙伴）在当天的 5 个主要的晨间访谈节目中接受采访。

和华盛顿的许多人一样，我成年后的大部分时间都在看《与媒体见面》节目，并理解接触目标受众的价值。这些受众不仅仅是美国纳税人，还有国会和政府机构中成千上万的人，他们是这项行动中不可或缺的一部分。但在经过几天几夜的连续工作后，我却不由得为自己的表现而担心。

天还没亮，我已经出门了。菲利普坐在后座，递给我一杯咖啡。他帮我做了采访前的准备工作，我在演播室接受采访，而基恩中将则在太子港连线。我非常疲惫，但仍然强打精神完成了采访。希瓦姆开玩笑说，我们的儿子萨扬可以通过数我在采访中说了几次“迅速、协调和积极的应对”来学习数字。

最后，菲利普是对的，希瓦姆也是（我经常这么说）。过度沟通（这需要积极倾听和不断重复）对一个庞大的团队来说是必不可少的。并非所有人都在应急指挥中心，因此我需要确保美国国际开发署的数百名雇员、美国政府的数千名雇员，以及美国和海地的数百万人知道我们如何确定目标，我们是否正在实现这些目标，以及我们如何努力克服不断出现的挫折。

当你领导一个庞大且分散的团队时，你必须找到与每个人沟通的方法，尤其是在成员们相距很远的情况下。团队越大、越分散，你就越需要沟通，甚至需要重复你自己，这样才能真正打破沟通障碍。这种沟通可以明确你的立场，让人们看到你的工作重心——在这个案例中，我的工作重心是倾听和服务海地人民，帮助他们度过这场巨大的危机。这也可以让人们看到你是如何定义成功的标准的。

团队精神

到 2010 年 2 月底，我们的团队不断创新，并高效合作——我们的记分卡可以证明这一点。但是，团队合作并不总是一帆风顺的。与任何复杂任务一样，合理的意见分歧是不可避免的，包括美军何时撤出海地。但最终这些问题都解决了，因为我们团队建立起来的信任帮助我们赢得了其他人的信任。

另一个分歧的例子是美国海军“舒适”号医疗船的部署，这艘白色的、有 3 个足球场长的军舰拥有 1000 张床位。地震发生后不到 10 天，“舒适”号便抵达太子港，船上的医护人员治疗了近千名病人，做了 800 多例复杂手术。

但到 3 月初，我们需要重新评估。我查看了记分卡和美国国际开发署为将“舒适”号继续留在海地，甚至将病人空运到佛罗里达州的医院所花费的巨额资金数额。从长远来看，这些钱似乎更应该用于重建海地的卫生系统。虽然“舒适”号提供了实际的和象征性的安慰，但它继续留在海地的意义不大，因为这些资金投资于海地会产生更大的效果。因此，我建议“舒适”号返回美国。

但这并不是我所能决定的。一个星期天，我与包括美国卫生与公众服务部部长凯瑟琳·西贝利厄斯在内的国家安全官员一起开了一个关于“舒适”号的电话会议。卫生与公众服务部成立了一个小组，就何时以及是否可以重新部署“舒适”号提出建议。凯瑟琳说：“你知道，我不是医生，但我认为我们必须让‘舒适’

号继续留在那里。”接着，另一个人插话说：“我也不是医生，但我同意这个意见。”很快，其他人纷纷表示赞同。

在我的整个职业生涯中，用医学学位来表达观点的次数屈指可数。但在经历了无数个深夜和周末的电话会议和类似的会议之后，我已经精疲力竭，失去了风度。我脱口而出：“好吧，我是医生，与其将大量资金用于断肢再植手术，不如用这笔钱重建医院的病房。”

直到今天，这件事仍然让我感到尴尬，因为我通常会尽量避免医生自以为无所不知的刻板印象。好在那一刻很快过去了，参加电话会议的人知道我和我的团队专注于为海地人民带来最好的结果。最终，我们达成共识。几天后，“舒适”号驶离海地。

冲突和尖锐的意见分歧在所难免，尤其是当充满激情的人全力投入一个项目时。但是，只要能打开旋转门，你就有可能建立足够的友谊和理解，从而平息冲突，或至少不会被认为固执己见。当人们感觉自己在同一个团队中时，他们更容易在信任的基础上继续前进，因为他们知道每个人都在努力提供帮助。

地震发生近 6 个月后，我们开始觉得我们在短期内已经尽了全力。仅美军就救治了 4 万多名病人，并进行了数百次紧急医疗后送。最终，海地儿童的饥饿率也比地震前显著降低。事实证明，我们追踪的用于净化水源的氯片是一项重大创新。由于使用了氯片和其他药物，海地人的健康状况得到了改善，腹泻发病率下降了 12%。我们还为 100 万名高危的海地人接种了霍乱和肺结核等疾病的疫苗，在其他情况下，他们可能不会接种这些疫苗。

随着危机逐渐解除，海地政府、联合国和其他合作伙伴得以在岛上重启人道主义行动——我们显然无法解决海地面临的所有挑战。海地当时是一个动荡的国家，如今更是如此。但是，当它需要帮助以寻找被困在废墟中的人，向偏远地区运水和建造避难所时，我们成功地让整个美国政府提供了帮助，并且取得了真正的成功。

当我们逐渐远离紧急救援阶段，开始寻找长期支持海地的方法时，我向保罗·法默求助，他是一位具有革命精神的医生，也是一个名为“健康伙伴”的非政府组织的创始人，该组织在海地等地开展工作。我与保罗相识多年，他以反对传统和直言不讳而闻名。当我询问接下来我们该怎么做时，他毫不犹豫地回答：“我们要将它重建得更好。”

保罗建议我们在太子港建造一所世界级的医院。当时，在海地几乎各个方面都需要援助的情况下，建造一所世界级的医院让人觉得有些奢侈。但保罗认为这是可能的，而且描绘了这所医院在5年、10年，甚至50年后的意义。我被这个想法打动，也接受了保罗的许多其他建议。

地震发生3年多后，位于太子港北部的米勒巴莱大学医院正式启用。这所医院的医疗服务和设施不属于美国的任何一家医院，它为这座岛屿做了许多好事，包括在2021年的地震和其他自然灾害之后的表现。没有人可以说“舒适”号的资金被直接用于建造这所医院，但对于一个预算有限的机构来说，选择无疑是非常重要的。米勒巴莱大学医院并不是我们在海地尝试以不同方式行事的唯一例子。在克雷格和团队其他成员的共同努力下，我们建立了一套高效的运作系统。我们并不关注谁“独占”哪块“地盘”，或者谁获得了什么功劳；相反，我们试图将尽可能多的人聚集在一起，以实现我们的“重注”。为此，我们共享数据，紧密合作，并保持沟通。除了少数争吵，团队几乎没有摩擦。

最终，除了美国的全力行动，全球一共有 500 多个非政府组织和 140 个国家参与了救援。

在这个过程中，我意识到，打开旋转门是一种心态，它使你能够接受所有能得到的帮助，从而取得更大的成就。我承认，我们的美国国际开发署团队（以及作为团队领导者的我）并没有所有的答案，但我们确实有能力在短期拯救成千上万人的生命，并在长期改善数百万人的生活。一旦下定决心，我发现，如果我放手让人们参与进来，同时保持对结果的关注和过度沟通，我就能建立一个充分发挥自身多样性优势的团队，避免一些最糟糕的官僚主义陷阱，并取得更好的表现。在那之后的几年里，我一次又一次地运用这些经验。

我们还展示了重新焕发活力的美国国际开发署取得更大成就的可能性。我们在海地做的工作激发了更多的活力和紧迫感，并向其他人表明，该机构已经重回做大事的轨道。海地救援行动的团队精神富有感染力，这种创新、协作、雄心勃勃的精神随之得到传播。

所有这些对未来几年都很重要，但最让我自豪的是一些没有成为新闻的事情。救援工作结束几年后，我打电话给保罗，询问他我能否在访问海地时带我的儿子萨扬去看看米勒巴莱大学医院。保罗不仅同意了，还坚持亲自带我们参观。在这个受困于灾难、贫困和治理不善的国家，我们发现自己来到了一个新生儿护理病区，这在美国任何一家大医院都是值得骄傲的。如果没有训练有素的护士和医生为他们提供护理，这些早产儿可能已经夭折了。这些小病人象征着保罗的贡献、团队合作的力量和对人类未来下的一次“重注”。

如何打开旋转门

在那段动荡的时期之后，“打开旋转门”的概念一直深深地留在我的脑海中。这只是一个小举动，谈不上革命性。但对于我来说，它已经成为一种更强大的心态——在真正的危机时刻，人们会挺身而出，成为解决方案的一部分。学会如何接受这种帮助，是推进为人类“孤注一掷”的关键工具。要建立一个规模更大、能力更强的团队，就必须有“打开旋转门”的心态。当人们觉得自己是团队的一员时，他们就会全力以赴。

海地的任务对当时刚刚进入美国国际开发署的我来说是一项重大挑战。幸运的是，我得到了命运的垂青——我有像奥巴马和希拉里这样的好上司，有像菲利普这样在需要时为我提供帮助的朋友，而且华盛顿对这个问题的关注比平时更持久。

在那个时刻，我能做的是将一群愿意帮忙的人组织成一个团队。你也可以这样做，只要你能做到以下几点：

• **接受帮助**。你的目标越远大，就越能激发人们参与的热情。其他人的加入并不意味着你软弱。其他人想要展现领导力，并带你朝着稍微不同的方向前进，这是进步的标志。

• **记分**。有一个目标并让人们知道你的目标是一回事，无情地评估结果并与团队中的每个人分享分数则是另一回事。设计一个明确的评估成果的方法，然后让所有人看到进展和结果。

• **冒险信任他人**。如果你谈论团队合作，却放任分歧逐渐激化，那么每个人都会注意到。冒险让人们加入，有时是让他们真正地参与，就像我们对克雷格和他的团队所做的那样。

• **过度沟通**。你必须倾听任何对你如何实现目标有洞察力和想法的人的意见，并向每个人讲述你的计划。外部意见和沟通可能需要时间，但它们最终会带来回报。

4
个人化

2013 年，在埃塞俄比亚，我坐在一辆白色的福特伊克诺莱恩面包车的副驾驶座上，车上坐满了共和党国会议员。这辆面包车随后遭遇暴雨，被困在脚踝深的泥泞中。

在慈善机构从事疫苗工作和在政府部门处理海地救灾，不仅符合我的良知，也符合我认为的世界需要的雄心壮志。

进入我在美国国际开发署工作的第 3 年，我在埃塞俄比亚踏上了另一段旅程，这次更有目的性，时间也更长。两年前，埃塞俄比亚遭受了冲突、干旱、饥饿等一系列危机的蹂躏，26 万人因此死亡。我们那次出访的目的是使该国在未来避免遭受类似的冲击。我不仅是去完成任务，更是带着个人使命感去帮助那些深受灾难影响的人们。

通往埃塞俄比亚的道路漫长而曲折。我的家族也经历过粮食短缺。在比利吉里兰加山区，我目睹了营养不良造成的破坏。在盖茨基金会工作期间，我们发起了一项帮助非洲农业转型的倡议。在海地，我目睹了饥饿如何加剧地震后的灾情，也读到了人们靠吃泥饼维生的故事。如今，从国会大厦到企业高管办公室，人们正试图改变美国领导全球解决饥饿问题的方式，以帮助数亿人摆脱饥饿的威胁。

美国的全球人道主义使命主要始于粮食援助。第二次世界大战结束后，美国的农产品养活了饥饿的欧洲。在此后的数年里，美国的对外援助计划基本是将美国过剩的粮食运往海外。

但是，世界以及饥饿的本质已经发生了变化。我在那辆面包车上参与建立了一个联盟，以改变美国与饥饿作斗争的方式。我们将发起可持续的倡议和项目，为农业科学技术和创新投资，以帮助较贫穷国家的农民提高粮食产量并预防饥荒，而不仅仅在饥荒发生时捐赠美国的粮食。为实现这一新愿景，我们需要国会两党联合起来，修订我们的对外援助法案。

我们在埃塞俄比亚的司机有一个不同的目标。在送我们参观一个由美国国际开发署支持的人道主义组织运营的农村项目后，他希望赶在暴风雨到来前返回首都。不幸的是，当我们转过一个弯道后，天色迅速变暗，雨滴开始落在面包车的车顶上。我们的司机双手紧握方向盘，他显然知道接下来将发生什么。果然，土路很快就变得泥泞，车轮在泥浆中打转。

就在暴风雨突然来临时，我听到面包车后排传来一个暴躁、沙哑的声音："好了，70 岁以下的人全部下去推车。"詹姆斯·英霍夫是代表俄克拉何马州的资深参议员，当时 78 岁，他被自己的玩笑逗笑，看着我们其他人下了车，走进厚厚的泥浆中。在一位共和党领导人的指挥下，我（民主党总统任命的官员）和其他人一起弄脏了我们的鞋子，挽救了我们的行程。

“孤注一掷”需要像英霍夫参议员这样拥有不同类型的影响力、关系网和想法的人加入。我希望和吉姆（詹姆斯的昵称）以及其他许多盟友一起，让美国重新致力于将最新的科学技术和最有前途的实践做法带到最容易受饥荒影响的地方，尤其是非洲。当时，我已经在海地和其他地方了解到，建立这样一个联盟需要找到共同目标，并激励其他人为这个目标努力。

不幸的是，在日益分裂和注意力越来越分散的华盛顿，找到共同点变得更加困难。海地问题震撼了人们的良知，使人们迅速团结起来。但是，饥饿和营养不良是一个长期问题，一些人已经开始接受它的复杂性，并认为这个问题是无法解决的。吸引政府的注意力并非易事。那时，我仍然喜欢通过辩论来赢得争论，坚持证明我的观点是正确的，直到对方认输。

但是，在致力于解决饥饿问题的过程中，我发现了一种不同的说服其他人的方法。虽然我喜欢深入的辩论和更深入的数据分析，但有时发自内心的对话更有效。当我把话题转向我自己（知道何时停止辩论，建立真正的友谊，甚至倾诉自己在这个问题上的感情）时，我找到了意想不到的盟友、消灭饥饿的新途径和真正的友谊，即使在党派斗争激烈和内部冲突不断的华盛顿也是如此。

“孤注一掷”有时可能需要你接纳意想不到的合作伙伴，并愿意与你从未想过能有共同点的人合作。这样做往往不是为了赢得争论，而是为了找到共同点以及共同的灵感和目标。要建立可持续变革所需的庞大的、多元的联盟，你需要了解并理解自己的目标，并愿意与他人分享。

点 头

在我还是个孩子的时候，“大”这个字对我来说意义重大。我们在美国的家是一个中转站，许多从印度来的亲戚在这里暂住，其中一些打算在美国定居。每个人都有一些独特之处，如对商业的热情、医学头脑、对棒球比赛的兴趣。但有一点是一致的，那就是我比所有印度亲戚都高，即使我的身高还不到1.8米。无论是在密歇根州，还是小时候去印度旅行，我都为自己比叔伯和表兄弟高而感到高兴。

但当我长大后，我意识到这种差距本身就说明了问题。这部分是因为美国和印度在饮食方面的巨大差异。即使人们有足够的食物（我在印度的亲戚就是如此），但由于食物中缺乏微量元素（如铁、锌、维生素A等，它们为我们的大脑和身体提供能量），发育也会受到阻碍。直到今天，印度仍有三分之一以上的儿童发育迟缓，在印度的某些地区，这个比例接近一半。

我从未真正理解发育迟缓，直到在盖茨基金会从事疫苗工作后，我才开始关注饥饿问题。在疫苗取得成功之后，比尔和梅琳达要求我探索如何改变全球贫困的现状，因为沃伦·巴菲特表示将把他的巨额财产中的大部分捐给盖茨基金会（迄今为止，已经捐赠了360多亿美元）。对于一个与数据打交道的人来说，饥饿的数字过于惊人，无法忽视。大多数成年人每天需要约 2200 卡路里的热量，而且需要定期摄入约 30 种不同的微量元素。我们得出结论，这笔慷慨的捐款的最佳用途是找到一种可靠的方法来解决全球饥饿问题。

即使在 21 世纪，充足的营养仍然难以获得，因为虽然富裕国家粮食充裕，但最贫穷的 8 亿人仍然依靠自己的农场生产的粮食来获取收入和维持生计。与富裕国家技术先进的农场相比，这些农场的效率和产量相对较低，还容易受到不断变化的气候和全球市场的影响。当战争或气候变化造成的极端天气导致价格上涨时，穷人（其中一些人将高达 80%的收入用于购买食物）就会挨饿。

很少有人在改善地区农业条件方面作出的贡献比诺曼 · 博洛格更大。诺曼在艾奥瓦州的一个农场长大，后来成为一名农学家。他有许多独到见解，其中一个是他发现普通小麦需要耗费大量能量才能长高，因此他培育了一种茎秆更短的品种，称为“半矮秆小麦”。这种新品种能更好地利用养分，从而大幅提高粮食产量。

即使他就此止步，他也将成为传奇。但是，职业生涯大部分时间都在洛克菲勒基金会工作的诺曼，仍然坚持不懈地向世界各国推广他的矮秆小麦和其他先进技术，以解决世界饥饿问题。他花费大量时间想方设法在拉丁美洲和亚洲推广他的新种子和耕作方法。据说，他和他的盟友为了播种种子并证明其价值，使用了各种方法，包括与农民摔跤以获得播种机会，偷偷将种子带上飞机秘密播种，以及利用地缘政治竞争等。

20世纪40年代到60年代，凭借新的小麦品种和精明的宣传，诺曼开启了著名的“绿色革命”。绿色革命和其他农业进步帮助南亚和拉丁美洲的10亿人摆脱了饥饿。从1965年到1970年，印度和巴基斯坦的小麦产量几乎翻了一番。这一成就为诺曼赢得了诺贝尔和平奖、总统自由勋章、国会金质奖章，以及全世界数百万永远不会知道他的名字的人的感激。

虽然绿色革命在拉丁美洲和亚洲取得了巨大的成功，但非洲基本上没有受到它的影响。非洲之所以错过了这场革命，主要是因为缺乏基础设施，土壤类型复杂多样，而且政府参与不足。此外，在诺曼成功之后，世界开始转向其他问题，旨在消除饥饿的全球倡议不再将地区农业作为首要的解决方法。

结果，21世纪初，非洲农场的玉米产量仅为美国农场的六分之一。在非洲领导人寻求改变现状的同时，盖茨基金会和洛克菲勒基金会也启动了一个支持非洲农民的新项目。作为这项工作的一部分，我有幸在2006年见到了当时已经92岁的诺曼（他于3年后去世）。诺曼熟悉数据，非常了解我们的新工作。他希望我们能更大胆地帮助非洲农民改变现状。

为了强调这个观点，诺曼让这件事变得更加个人化。他握着我的手，看着我的眼睛说：“当你到了我这个年纪的时候，你唯一关心的就是你是否为这件事尽了全力。你有那么多资源，你一定能做成这件事。”我常常回想起这些话。

当我加入美国国际开发署时，我认为我们可以让美国政府重新大力支持农业，尤其是非洲的农业。自该机构成立以来，尤其是理想主义盛行的20世纪60年代之后，美国在解决饥饿问题上的雄心已经减退了。按照现代标准计算，美国在20世纪60年代的粮食援助预算总额约为80亿美元，但在我加入美国政府时，这个数字仅为约23亿美元。此外，农业发展曾经是美国国际开发署关注的重点，而现在，该机构更加关注通过加强基础设施和民主制度来支持贫穷国家。但是，人们仍然在挨饿。营养不良的人数超过9亿，这意味着世界上有13%的人无法稳定地获得足够的营养食品。

在我的参议院确认听证会（这实际上是在众多国会议员面前进行的一次长时间工作面试，C-SPAN电视台也会直播）上，我解释说，美国需要帮助将新的农业技术推广到世界各地，并表示希望将诺曼的雄心壮志带到世界上仍然需要它的地方。

在我发言时，我看到共和党议员和民主党议员都在点头表示赞同。共和党人对民主党总统任命的官员非常严厉（民主党人对共和党总统任命的官员同样如此），但当我谈到将数据和商业化的方式用于美国的对外援助（比如，我们可以帮助农民进步，以避免未来的饥馑）时，共和党人似乎特别赞同。我想我可以围绕这个“重注”建立一个强大的两党联盟。

我真的这样做了，但险些搞砸。

放弃无效的方法

2011年，共和党赢得美国众议院控制权后，他们的第一项重要立法提案就是大幅削减预算，并大幅削减所有对外援助和发展的资金，而这是美国国际开发署的命脉。

在最极端的情况下，提议的预算削减幅度甚至会危及机构本身，并让人感到这是对我们工作的直接攻击。这也危及在农业领域"孤注一掷"的希望。美国国际开发署在那不久前参与发起了一个名为"喂养未来"的新项目，该项目旨在促进美国对外国农业的投资。在最初的两年里，该项目帮助了180万名非洲小农（通常是在小块土地上生活和劳作的女性）获得先进的种子、化肥和设备。"喂养未来"项目才刚刚起步，如果没有稳定的资金来源，该项目在真正启动之前就会陷入停滞。

面对这个"重注"和其他项目面临的生存威胁（仅粮食援助预算一项，共和党就提出削减30%的预算），我在职业生涯中的那个阶段做了我认为最自然的事情。我收集了所有最好的数据，试图提出一个基于最有力证据的论点。我和我的团队花了几天时间计算，以了解共和党提案的影响。然后，我带着数据去了国会山。

在众议院的一次拨款听证会上，我介绍了我们调查结果的要点。我告诉委员会："我们估计（我认为这些是非常保守的估计），削减预算将导致7万名儿童死亡。"我甚至详细说明了我们是如何得出这个数字的——3万名儿童将死于疟疾项目的预算削减，2.4万名儿童将死于免疫接种的减少，1.6万名儿童将死于出生时缺乏营养和其他原因。

舆论一时哗然。其中一则头条新闻的标题是《美国国际开发署署长：共和党法案可能导致7万名儿童死亡》。这句话被其他记者引用，并且在社交媒体上被广泛转发。许多民主党人（甚至包括在白宫的民主党人）都为我欢呼，感谢我的勇气，感谢我说明了削减预算的潜在后果。但共和党人勃然大怒，称我缺乏敏感性，充满党派偏见，无视他人感受。

我有两个选择。我可以加倍下注，成为一名党派斗士，在社交网站和有线电视新闻上赢得争论，用我的数字和分析来争取政治得分，并捍卫我（和民主党）的道德感。我也可以避免使局势进一步恶化，转而专注于摆脱困境，弥合分歧，争取继续推进我的“重注”。这条道路要求我弥补之前造成的伤害，并尝试与共和党人和其他人建立更好、更深入的关系，这种关系不仅仅是一笔交易，是建立在共同的价值观和共同的利益之上的。

实际上，我别无选择。

我必须挽救美国国际开发署的预算，而且要快。我的“道歉之旅”从众议院议长约翰·博纳的办公室开始。我见到了时任博纳办公室主任的巴里·杰克逊。虽然杰克逊是一位真正的专业人士和党派斗争的老手，但他非常直率。他说：“你的评论十分无礼，因为你没有尊重我们的道德价值观。”博纳议长来时，我向他表达了歉意。然后他建议我到其他地方修补关系。

在接下来的几个星期里，我感觉自己似乎拜会了当年上过福克斯新闻的每位国会议员。我和他们共进晚餐。我去拜访他们的办公室。当2011年的拨款法案通过时，足够多的共和党人投票支持我们，我们的全球健康和灾难援助项目的资金实际上还有一定的增长。我的努力显然取得了成效。

从表面上看，这个故事可以被视为华盛顿乃至整个政坛的所有问题的缩影——为了拯救成千上万人的生命，我不得不到处安抚受损的自尊心。或者，这也可以被视为政治应有的运作方式的范例。毕竟，我们期望领导者能够找到并建立联系，进而利用这些联系来推进共同利益。

无论如何，这段经历让我明白，我需要成长。我的论点并没有错，数据证明了这一点。我的错误在于把共和党人视为需要打败的对手，而不是可以理解的人。为了赢得支持，我需要把共和党人（以及其他所有人）视为复杂的个体。

这种转变并不容易。我之所以能在华盛顿工作，部分原因在于我掌握了用论据和数据说服人的艺术。我之所以能在救援海地时建立广泛的联盟，部分原因在于我用记分卡和指标将通过旋转门的所有人组织起来。但现在，我必须学会与持有不同观点、拥有不同背景的人建立联系，找到我们之间的共同点。

抛弃过去成功的策略和方法是非常困难的。但是，如果你拒绝这样做，你将面临一个挑战，那就是面对一个固执的人，即使你已经竭尽全力，他也不为所动。如果你已经下定决心要“孤注一掷”，你就不会放弃，你自会找到另一种方法。

把彼此视为人

虽然我在围绕预算的外联工作上取得了一些进展，但我更关心的是讨论如何在华盛顿获得更长期的支持。虽然我从小就开始关注政治，但华盛顿的党派分裂程度仍然让我感到惊讶。例如，许多人深信奥巴马总统并非在美国出生。共和党人和民主党人之间深刻的文化、种族和经济分歧不断加深。

考虑到当时的氛围，我认为最好与一个值得信赖的中间人合作。我被介绍给共和党的沃德·布雷姆，他一直在华盛顿致力于解决非洲的饥饿和其他问题。沃德曾在明尼苏达州从事保险业，并获得了丰厚的回报。42 岁时，他在教会组织的一次旅行中去了非洲，并为之着迷。沃德被非洲大陆及其人民深深吸引，开始了为期 5 天的精神之旅，去了非洲大陆最偏远的地区之一，并就非洲发展问题（包括饥饿问题）向乔治·W.布什总统提出建议。

沃德相信，如果我基于共和党人的道德和价值观与他们建立联系，那么他们会真心支持我们的努力。他介绍我与共和党人（主要是参议员）见面，我认为我们可以找到一些共同点。代表俄克拉何马州的参议员吉姆就是其中之一，他似乎以刁难我的上司为乐（他曾煽动公众质疑奥巴马的公民身份，但最终还是退缩了）。我的许多同事都对共和党人深表怀疑，因为那场竞选活动，也因为许多共和党人曾试图削减美国国际开发署的预算。因此，我有时只与吉姆和沃德见面。

刚开始时，我避而不谈自己的观点。我的目的不是游说，而是倾听。沃德会帮助我们把谈话引向我们最初是如何投身政治的。我了解到，许多人是在基督教信仰及其对传教和慈善事业的重视的驱使下进入政界的。他们认为饥饿问题是一个非常重要的问题，因为它与《圣经》的教义密切相关。我们的会面常以手牵手祈祷结束，沃德会带领我们一起祈祷。

我继续与共和党人会面，而且也更愿意分享我从政的动机。虽然我在美国长大，但在美国成长以及在华盛顿工作的过程中，我一直觉得自己是局外人，因此并不总是喜欢谈论那些让我显得与众不同的事情，包括我的家族史和信仰。而且，作为一个习惯用数据来赢得争论的人，我对展示自己脆弱的一面感到有些紧张。但我发现，讲述我的家族中发育迟缓的亲戚或我在旅行中看到的种种不公，比任何表格都更有说服力。这使人们更了解我，也终于认可了我想做的事情。

为了在这些对话的基础上更进一步，我试图通过其他方式让对话变得更加个人化。在忙碌的日子里，在办公室面谈半个小时并不是建立关系的理想方式。我在密西西比州立大学举行的食品安全活动上遇到了参议员萨德·科克伦，我在南卡罗来纳州的电台脱口秀节目上与参议员林赛·格雷厄姆讨论了对外援助问题。我曾和吉姆一起被困在埃塞俄比亚泥泞的道路上，在那次拜访一个基督教援助组织的旅行中，我们对解决饥饿问题的共同目标有了更深的认识。他后来说："比起其他人，我更愿意和拉吉夫·沙阿一起在泥泞中前行。"

吉姆邀请我加入参议院祈祷小组，这个小组由大约 25 名国会议员组成，每周三在国会大厦的一个隐蔽的小房间里聚会一个小时。这些聚会为共和党人、少数民主党人和像我这样的局外人提供了一个难得的机会，我们一起手拉手祈祷。这里没有公务，没有工作人员，也没有记者。

起初，我对这种明显带有宗教色彩的接触犹豫不决。虽然我从小在印度教的环境中长大，但我有时会去基督教教堂上主日学课程，学习基督教的基本教义。不过，我很少在公开场合谈论自己的宗教信仰，也不认为自己对任何形式的神学有很深的了解。但吉姆和沃德还是劝我参加，于是我很快就在每个星期三早晨与一群参议员共进自助早餐。

在接下来的几个月和几年里，我开始重视这些聚会，因为即使大多数与会者关注的是“简单的友谊”（一个经常被提及的词），它们也提供了在精神上提升的机会。我不会透露这些私人聚会的细节，但我想说的是，我们是以人而非政客或某个政党的代表的身份建立联系的。因此，人们变得更加放松，开始分享他们的忧虑和恐惧。

在这些早餐会和其他场合，我并没有提出新的论点，而是敞开心扉，谈论个人和职业方面的挑战，就像在我的许多一对一访问和旅行中一样。随着我越来越习惯这样做，我发现其他人也更加信任我。我们在各个方面似乎都迥然不同，但这些聚会成为我们建立信任的基础，而这种信任对于建立一个庞大的联盟至关重要，这个联盟对改变美国帮助世界上最饥饿、最脆弱的人群的方式来说是必不可少的。

如果你不了解他们，他们也不了解你，那么他们就不会信任你。信任是建立联盟最重要的因素，但在这个两极分化的时代，获取信任非常困难。信任的基础是共同点，以及将彼此视为人，而不在意头衔、政党或其他标签。在建立信任时，找到一个双方都尊重的中间人（比如沃德）会很有帮助。

事先找到共同点

2011 年 8 月，当美国空军飞机开始下降并降落在达达布难民营时，我们看到数百人（大部分是妇女和儿童）正穿过肯尼亚的沙漠涌向这里。在非洲东部发生饥荒期间，这座距离索马里边境达达布约 80 千米的难民营是主要的人道主义中心之一。早期数据显示，索马里将近一半的人口（约 370 万人）正在经历粮食危机，其中约 75 万人面临饥饿的威胁。

我参加了当时的美国第二夫人吉尔·拜登博士组织的一次旅行，她致力于帮助世界各地的弱势群体。这次旅行的目的是引起人们对该地区遭受的可怕饥荒的关注。我们访问的一站是难民营的急性营养不良中心，那里收治接近饥饿极限的人。

我站在一张床旁与一位母亲交谈，她正用一个蓝色的杯子给体重不到 9 千克的 4 岁儿子喂水。这个孩子不仅受益于该中心的护理，还受益于一项了不起的发明——一种名为“胖坚果”的营养补充剂。它的发明者是一位法国的儿童营养学家，他在美国国际开发署和其他合作伙伴的支持下开发了这种营养补充剂。

当我通过翻译与她交谈时，我看到这位母亲不时望向床脚，那里有一个用深蓝色的布包着的小包裹。这位母亲告诉我，那块布盖着她的另一个孩子。我感到非常震惊。那个孩子在那天早上前往难民营的途中死于饥饿。

我至今仍然无法忘记那个小包裹。我一生中看到的许多事情，无论是在比利吉里兰加山区，还是在阿富汗和其他地区的战场上，都没有比一个孩子因饥饿而逐渐虚弱并最终死亡的景象更令人痛苦。饥饿是可以预防和治疗的。

那天晚些时候，我带领拜登博士和代表团的其他成员参观了美国国际开发署的其他项目——抗旱作物和新的灌溉系统。从长远看，和那种营养补充剂一样，这些项目将减轻那位母亲的苦难。但是，眼前的失败和死亡一直令我心痛。

饥荒仍然没有得到缓解。一天，我被告知，附近有一艘满载大米的船，这艘船属于美国食品巨头嘉吉公司，当时正驶往市场。虽然我可以让我们的人道主义团队去寻求帮助，但我还是决定亲自给该公司的首席执行官格雷格·佩奇打电话。

一年多来，我一直在努力推动“喂养未来”项目与嘉吉公司等跨国公司和其他数十家公司建立联系。在美国国际开发署内部，我的做法并不受欢迎，因为我的许多同事认为这些公司恰恰是问题的一部分，它们将自身利益置于人道主义和环境问题之上。

但是，在访问格雷格位于明尼苏达州的办公室以及随后与他的交谈中，我发现我们都痴迷于数据（他因为熟悉大宗商品市场而闻名）。当我向某人学习或与某人一起学习时，我感到非常自在，而格雷格也是这样的人。这是一种快速而有效地找到共同点的方法。

因此，在将近一年后，当我给格雷格打电话时，我不需要从头开始。我迅速向他介绍了我们在索马里的救灾情况，但他打断了我。格雷格已经了解了情况，他一直在关注索马里、肯尼亚和埃塞俄比亚的情况。他十分清楚将需要的食品运到需要的地方的困难。

我告诉格雷格："我们认为嘉吉公司在地理位置和货物量上最适合进行紧急运送。"然后我直接问道："你是否愿意考虑做一些特别的事情来帮助解决这次危机？"格雷格直截了当地说："这就是我们正在做的。"嘉吉公司建立了一个庞大的网络，可以按时、按预算将该公司的产品从世界的一端运到另一端。格雷格还提出愿意承担相关费用。

格雷格做的不仅仅是改变航向。最终，嘉吉公司筹集了1万吨粮食，将这些粮食装上停靠在孟加拉湾卡基纳达港的一艘船，然后将其运到东非。这个过程耗时两个多月，但当这些粮食运到时，它们发挥了巨大的作用，为肯尼亚9个地区的100万名索马里难民提供了食物。

寻求捐赠并非长久之计。但2011年的救灾行动证明，要改变美国应对饥饿的方式，需要美国人的广泛参与。嘉吉公司并不是唯一这样做的公司，多家跨国企业表示愿意为非洲农民提供新技术的培训。但这一切都始于一个简单的电话、几次见面和请求。我们常常忘记亲自联系的重要性，直到我们需要帮助的时候。

总有一天你会需要帮助，甚至可能是为了拯救生命。当你需要帮助时，最好不要在最危险的时候才开始建立联系。事先找到共同点，这样你就能直奔主题。

继续寻找和尝试

不久之后，我遇到了有生以来最艰难的一个场合。在美国国际开发署的一次会议上，我与十几名美国海事工会的成员坐在一张桌子旁。虽然会议室的墙壁上挂满了美国国际开发署在世界各地开展救援项目的引人注目的照片（照片上有医院里的难民、使用新水泵的农民和吃着美国提供的食物的孩子），但海事工会的成员们面色凝重。

他们之所以这么严肃，是因为美国的救灾方式发生了一些变化。现行体系依赖于将美国的粮食运往国外以提供援助。该体系为美国海运工人提供了稳定的工作，但对非洲农民和其他贫穷国家的人不利，因为他们生产的粮食无法与国外高质量、低成本的捐赠粮食竞争。更重要的是，运输大量粮食的运费可以转化为代金券，这些代金券可以让当地居民购买当地种植的粮食，从而为更多人提供食物。

因此，相较于直接援助，我们更希望从当地农民手中购买粮食，以推动生产和当地农业的发展。这一改变（我们所谓的“本地化倡议”的一部分）引发了美国国内那些从现状中获益的人的不满。最大的抱怨来自承包商，他们利用内部关系获得了大量海外开发合同。在这次会议上，与会者还担心，减少货物运输会影响他们的工作。这些承包商和工人向他们在国会的朋友抱怨，这些朋友又向我施压，威胁要阻止改革。

但我并没有就此放弃。我想与一些工人和工会代表坐下来，一起寻找共同点。这并不顺利。我展示了数据，但没有效果。我询问他们的家庭情况，但没有人搭理我。我试着开了几句玩笑，但没有人笑。最后，我请大家看看房间里的照片，希望他们能为美国向墙上照片中的人提供的帮助感到自豪，但没有人转头去看。

幸运的是，我并没有就此止步。我继续让我们的团队研究谁关心这个问题，谁从中受益。我希望能找到更愿意达成共同目标的人。最终，我们发现丹麦大型航运公司马士基与美国航运业有着长期的合作关系，其首席商务官曾在微软公司工作过。虽然我几乎没请比尔帮过忙，但这次我请他帮忙介绍。

后来，我在哥本哈根与史蒂夫·许勒尔会面时，他解释说，马士基公司在美国的业务更多的是出于情感，而非经济利益。马士基自1919年起就在美国开展业务，几十年来，运输美国的救济粮一直是其业务的一部分。我拿出一份表格，指出运输援助物资只占马士基航运收入的一小部分。

原因是越来越多的美国援助食品由像“圆坚果”营养补充剂这样的体积较小的物品组成，它们占用的空间远远小于粮食。我请史蒂夫考虑为了全球粮食安全，牺牲一小部分收入。

史蒂夫同意研究此事。马士基与美国海运工会关系密切，最终它鼓励工会成员妥协。本地化改革的部分内容最终获得通过，新规定允许美国国际开发署从非洲农场购买粮食，以养活数十万人。结果，美国采取了更加平衡的方法来解决饥饿问题，而国外的农场也更有生产力和韧性。

这次的经历告诉我，有时在找到合适的盟友之前，你不能停下脚步。有些时候，成功取决于能否找到合适的人，这可能需要你利用所有资源，进行研究，深入挖掘历史，有时还需要纯粹的运气，就像这次一样。你接触的第一个人可能不合适，甚至到第 51 个也不合适。但如果你不断寻找和尝试，你总能与那些既有能力又有兴趣帮助你的人找到共同点。

能作出怎样的贡献

2014 年初，我受邀在一年一度的全国祈祷早餐会上做主题演讲。早餐会始于艾森豪威尔政府时期，每年会邀请商业、社会和政治精英参加。总统和副总统通常会出席，演讲也会被直播。我对此感到非常紧张，毕竟特蕾莎修女（一位真正的圣人）曾在这里发表过演讲。

当我接到代表得克萨斯州的共和党众议员路易·戈默特的电话时，我更加紧张了。戈默特以前发表过冒犯其他信仰的话。

我一遍遍修改演讲稿，还和曾在戈尔竞选团队共事过的老朋友杰夫一起修改。我面临的挑战是，我喜欢谈论政策和数据，而听众期待听到我谈论信仰。到了演讲当天的早餐，我显然非常紧张，坐在我旁边的副总统拜登把手搭在我的胳膊上，开了一个玩笑，并安慰我说，我有值得说的东西。拜登的鼓励给了我很大帮助，但直到戈默特慷慨、亲切地向听众介绍我后，我才放松下来。

在演讲中，我谈到了我们在饥饿和贫困问题上建立的非凡的跨党派联盟，以及得到美国国际开发署帮助的人们的生活故事。我向听众讲述了我遇到过的苦难的人，从几十年前的比利吉里兰加山区，一直到达达布难民营。我引用了“好撒玛利亚人”的寓言，并鼓励在场的人齐心协力消除极端贫困。当时极端贫困的定义是每天生活费不足 1.9 美元的人，其中大部分生活费被用来购买食物。

3 年前，我关于削减预算的言论得罪了许多共和党人；如今，许多听众，甚至包括戈默特，都起身为我的发言欢呼。不过，我可以肯定，他们的反应与其说是因为我的演讲，不如说是因为我们共同取得的成就。通过建立一个包括共和党人、民主党人、商业领袖和宗教领袖等在内的非传统联盟，我们改变了美国解决全球饥饿问题的方式。

一年后，白宫打来电话，请我帮忙联系共和党人，以通过《全球粮食安全法案》。我给我的许多盟友打了电话，包括吉姆，他和几乎所有参议员都支持这项立法。由于如此强烈的支持，奥巴马总统在签署法案时开玩笑说，大家都非常兴奋。他还送给我一支用来签署法案的笔，这是给参与推动新法案的人的传统纪念品。我一直把那支笔放在办公桌上，直到今天。

这项法案使我们的许多项目可以正式运行，并为“喂养未来”项目提供了长期的资金支持。到 2015 年，仅该项目就帮助近 900 万个农场获得了技术和知识。7 年后，在该项目重点关注的国家，2300 万人摆脱了极端贫困，340 万名儿童避免了营养不良导致的发育迟缓。这是一种可持续的解决饥饿问题的方法。

事实上，在此之后，国会在共和党和民主党总统的领导下已经两次重新授权《全球粮食安全法案》，确保该法案继续有效。2022 年，该法案的部分内容使美国能够有力地应对因俄乌冲突而引发的粮食危机。总的来说，该法案确保美国有能力投资农业，减轻危机的影响。这充分体现了围绕正确的道德目标建立广泛、持久的联盟的价值。

想要改变整个系统，首先要改变自己。仅仅找到正确的论点还不足以找到共同点。我必须学会如何联系，如何分享，何时伸出援手，以及与哪些人结盟。随着我越来越乐于分享自己的价值观和弱点，所有这些都变得更容易、更有效。对于我来说，公开谈论我的家族史和信仰并不是一件自然而然的事。我需要一些契机（比如旅行和参加祈祷早餐会）才能敞开心扉。

但这样做确实改变了很多。在这个过程中，我建立了真正的友谊，这帮助我从不同的角度看待美国政治。我看到华盛顿可以运作得更好。我学会了如何成为一名更好的倡导者，尤其是面对一个曾影响我的家族的问题。通过将问题个人化，我看到了一个由意想不到的人组成的联盟能够作出怎样的贡献。

如何做到个人化

个人化从你本人做起。

这并不容易。尤其是在职业生涯早期，你会急于切入正题，力图证明自己的观点，担心别人认为你不够聪明或不够投入。因此，你会犹豫是否要分享个人经历或感受，担心自己显得不专业、不成熟或过于情绪化。

但是，如果你不能把问题个人化，你就永远无法取得你期望的成就，也无法实现“孤注一掷”的目标。这需要你学会与他人建立联系，了解他们的想法，同时也需要你更了解你自己，知道自己的驱动力来自哪里。

以下是一些使问题个人化的方法：

- **敞开心扉。**盟友可能会以意想不到的方式出现，重要的是要准备好与那些分享你的目标和激情的人建立联系，即使他们不是你期望的队友。

- **停止错误行为。**当你犯错时，你需要承认错误并道歉，无论是亲自道歉，还是以一种为未来合作奠定基础的方式道歉。继续犯错可以得到关注，但停止错误行为可以带来成果。

- **通过值得信赖的中间人使其他人相信你的“重注”。**一个共同的朋友可以帮助你开启对话并使对话继续下去，即使在困难时期也是如此。

- **表现出脆弱的一面。**当房间里有太多人的时候，没有人会敞开心扉。为潜在的合作伙伴创造一个私密的空间，让新的关系或想法能够萌芽。

- **尽早开始并持续寻找。**未雨绸缪筑共识。在找到共同点和能帮助你的人之前，不要停下。

5

了解你押注的对象

有时，想做好事（不仅仅是改善，而是彻底解决问题）的愿望会让你看不到陷阱。我通过疫苗接种、人道主义救援和粮食安全问题学到，天真的（naïve）乐观主义是成功的“重注”的必要因素。但它的近亲——单纯的天真（naïveté）可能导致失败。

在接下来的旅途中，我将学到这一点。

2013 年 12 月的一天，我踏上了前往刚果民主共和国东部的旅程。我将亲眼看到战争留下的最深的伤痕。那次旅行和前一天乘坐直升机的短途旅行标志着我进入了一段充满挑战的旅程，我将在这段旅程中学到，为一个复杂的难题寻找解决方案时应避免什么。

我沿着宁静的基伍湖开车前行，回头望去，能看见湖岸上红色、橙色和黄色的屋顶与蓝色的湖水和天空交相辉映。这幅生机勃勃的景象与该地区灰暗的历史形成了鲜明的对比。从 1996 年到2003年正式签署和平协议，这里曾经历两次战争，多达500万人在战争中死亡。

我很快就会看到，战争的创伤愈合得非常缓慢。

在联合国儿童基金会的创伤儿童支持中心，我见到了一些小时候经历过最严重冲突的孩子，其中大多数人失去了父母，家乡也被夷为平地。成为孤儿后，女孩常常遭到强奸，男孩则被迫成为“娃娃兵”，被注射毒品，被灌输思想，并被命令杀人。如今，他们已是十几岁或二十几岁的年轻人，与治疗师和培训师一起努力开始新生活。

在一间宿舍里，一名诊所工作人员把一些年轻人叫过来，让他们打招呼。我印象最深的是一种诡异的缺失感——虽然有几十个年轻人，却完全没有笑声。他们显得心事重重，这与其说是成熟了，倒不如说是被掏空了。我们的导游解释说，只有希望才能唤醒他们的人性。

那天下午，我看到了一种可能奏效的方法。我拜访了几名刚刚成为机械师的青年人，他们在“刚果东部倡议”资助的学校接受了职业培训，“刚果东部倡议”是美国国际开发署支持的一个非政府组织，由演员兼导演本·阿弗莱克和社会活动家惠特尼·威廉姆斯创办。这向人们展示了，只要有机会，这些饱受国家历史创伤的孩子就有能力创造更美好的生活。

前一天，我乘坐直升机参观了一个项目，我认为它可能会为基伍湖附近和刚果民主共和国其他地区的人们带来更光明的未来，这个项目就是“英加3号”水电站。利用英加瀑布的力量，继“英加 1 号”和“英加 2 号”水电站之后的第 3 座水电站可以产生 4800 兆瓦的电力。这座水电站可以为刚果民主共和国提供急需的廉价电力（该国 91% 的人口还没有用上电），也可以为非洲大部分同样没有通电的地区提供电力。

“英加 3 号”水电站是现代发展史上最大、最复杂的项目之一，旨在帮助非洲人解决电力不足的问题。许多其他项目，如太阳能灶、社区发电站等，试图逐步填补这一缺口。而“英加 3 号”项目可以为刚果民主共和国乃至整个非洲大陆的许多人提供大量电力。

但由于规模庞大，“英加 3 号”水电站需要政治、经济和制度力量近乎完美的配合，每种力量都由我需要信任的人来推动。遗憾的是，在试图建立一个由非洲合作伙伴、开发银行、中国和美国组成的独特联盟的过程中，我并没有及早发现许多警告信号。

结果，我从这个项目中学到的东西超出了我的预期。我从失败中吸取了教训。“孤注一掷”需要承担风险，需要尝试一些看似不可能的事情，彻底失败的可能性往往很大。在这个案例中，我学到了，你需要真正了解你押注的对象，以及事情可能如何出错。

在“孤注一掷”的时候，你不是在赌技术，甚至不是在赌受益者——如果你的“重注”成功了，他们都会过上更好的生活，赌的是你的合作伙伴。我在“英加 3 号”项目中了解到，最弱的合作伙伴可能决定你的赌注的结果。为了避免事情分崩离析，你必须不断评估弱点可能在哪里。即便如此，你也可能会漏掉它，眼睁睁地看着一切崩溃。

人们对推动重大变革的乐观信念

在一系列旨在解决非洲电力短缺问题的磋商中，我会见了时任尼日利亚财政部长的恩戈齐·奥孔乔-伊韦阿拉。恩戈齐是一位非凡的人物，她始终保持乐观，而且具有高尚的道德操守。在获得哈佛大学学士学位和麻省理工学院博士学位后，恩戈齐在世界银行开始了长达25年的职业生涯。作为尼日利亚第一位女性财政部部长和外交部部长，她因透明度和打击腐败而赢得了良好的声誉。

我们在启动一项名为“非洲电力”的新倡议时，咨询了许多非洲领导人，恩戈齐是其中之一。与“喂养未来”项目一样，“非洲电力”项目也有具体的、可评估的目标，包括每个项目将惠及多少非洲人，将产生多少瓦特的电力。恩戈齐和其他人对这一承诺表示欢迎，但认为这些数字还不够大。

他们对规模的渴望可以用一个词来概括，那就是“英加”。

了解非洲的人都知道这一点。“英加1号”和“英加2号”水电站已于20世纪70年代和80年代完工，“英加3号”水电站将是一次大规模升级，其发电量是原来的13倍以上。第三座水电站将是迈向所谓的“大英加”水电站的一大步，它可以产生40千兆瓦的电力，足以以难以置信的低成本为撒哈拉以南非洲的十几个缺电国家供电。

英加水电站群的输电线路将把电力输送到非洲大陆的大部分地区。这些水电站将为在伸手不见五指的街道上感到不安全的女性、无法在夜间学习的孩子，以及数以百万计的小企业（它们将为“刚果东部倡议”培训中心的那些男孩和女孩创造就业机会）提供清洁电力。这些水电站将帮助刚果民主共和国的采矿企业开采黄金、钶钽铁矿石、锂和铜矿石，它们对现代数字世界的电路系统至关重要。输电线路将延伸到更远的地方，北至尼日利亚，南至南非。撒哈拉以南非洲地区70%的人口（约6亿人）缺乏现代经济必不可少的电力供应。

在了解“英加3号”项目的过程中，我看到了横跨整个非洲大陆的输电线路图。我被深深地吸引住了——这座水电站的规模足以引起华盛顿和世界各地许多人的兴趣。我还了解到，出资最多的世界银行曾参与“英加1号”和“英加2号”水电站的修复工作，而且几十年来一直致力于推动“大英加”水电站项目，但始终无法解决复杂性的问题。虽然人们对“英加3号”项目确实存在担忧，但很少有人试图克服它们——抱负陷阱困住了理想。

“英加3号”项目作为一个“重注”的潜力是显而易见的，在向高层推销这个项目时（包括2013年奥巴马总统访问非洲时，我在“空军一号”专机上向他介绍过这个项目），我都会展示输电线路图。这是一个灵活的解决方案，可以根据需求的增加而扩大规模，能够释放刚果民主共和国和非洲的巨大潜力。根据我们对发展的了解，这个项目在改善健康、教育、就业和安全方面将有非常显著的影响。我们还希望“英加 3 号”项目能够帮助应对气候变化——它将减少对柴油发电机的依赖，每年将减少 6300 万吨碳排放，相当于美国 1300 万辆汽车一年的碳排放量。

与“非洲电力”项目的渐进式改良相比，“英加 3 号”项目是一个真正的解决方案。但是，当我看着那些数字，想象着输电线路时，我把“潜力”放在了“合作关系”之前。“英加 3 号”项目需要建立一个前所未有的联盟，包括国家、机构和个人，而他们的目标并不完全一致。更困难的是，我们将在一个刚刚结束了 10 年漫长而痛苦的内战的国家建设这一切。

过去，我能够通过率先行动和把问题个人化来说服个人和机构放弃自身利益，为共同目标努力。这次会起作用吗？当时，对这个项目的疑问甚至比可靠的合作伙伴还多。这个项目预计将耗资 120 亿美元，谁来承担这笔费用也不清楚。对于美国来说，这个项目太大了，远高于美国对“非洲电力”项目的承诺。世界银行将参与其中，但这需要美国和中国展现真正的合作精神。

对规模的渴望和对人的假设使我对“英加 3 号”项目充满信心，我认为我们可以取得成功。我们在海地取得了一定的成功，在饥饿问题上也取得了进展，我认为我们已经有了足够坚实的基础，可以继续前进。这些成功使我相信，人们乐见重大变革，而我有能力把握这个机会。

感到不对劲时

在“非洲电力”项目推出几个月后，我在白宫参加了一次关于非洲和“英加 3 号”项目的会议。会议结束时，美国国家安全事务顾问苏珊·赖斯把我拉到一边。

当时，世界银行、美国国际开发署和其他机构已经花费了数年时间，以确定该项目的数十个技术、财务和政治细节。我向通讯录中的每个人寻求帮助。时任英国首相的戈登·布朗就如何安排交易提出了建议，国际金融公司负责人蔡金勇则帮助我们与北京建立了联系。

我们试图解决涉及该项目的技术和财务难题，但苏珊非常了解刚果民主共和国。苏珊见过该国总统约瑟夫·卡比拉，卡比拉的父亲也担任过总统，后来被暗杀，卡比拉在漫长的内战期间成为总统。虽然卡比拉曾被视为潜在的改革者，但该国首都金沙萨经常被怀疑腐败。因此，虽然我相信苏珊欣赏我的乐观和希望，但她更现实的看法来自数十年的经验。当我提到接下来的访问时，苏珊投来怀疑的目光。

我注意到了这个警告，但没有放在心上。

我认为我们可以解决一直困扰刚果民主共和国政府高层的透明度问题。当我与非洲领导人谈及“英加 3 号”项目时，我直截了当地说，我们需要他们的帮助来保护投资。世界银行已经开始创建一个发展机构来管理该项目，并委托一个由像恩戈齐、前联合国秘书长科菲·安南（加纳人）这样有公信力的领导人组成的委员会进行监督。不过，虽然该机构已经得到世界银行的批准，并将获得项目资金，但那时它仍未开始运作，刚果民主共和国政府也没有同意这个条件。

在我为这次旅行做准备时，另一个信号让我感觉不对劲。当美国大使馆联系刚果政府时，卡比拉总统的办公室对会面一事不置可否。又打了几次电话后，我们还是没能安排一次谈话。在我这个职位上的人在访问各国时几乎都会与国家元首会面，因为东道国通常会将美国国际开发署署长视为世界上最主要的发展机构的领导者。现在的情况让人感觉有些奇怪。既然“英加 3 号”项目对刚果民主共和国如此重要，那么为什么关于它的会议似乎不被重视？

在访问期间，我的向导是总理马塔塔 · 蓬约 · 马蓬，他是该国的二把手。这位通常被称为“蓬约”的总理是一位经验丰富的技术官僚，在刚果民主共和国的官僚体系中逐步晋升。蓬约看起来相对正直。他是 3 个孩子的父亲，也是一位对自己国家的未来充满信心的领导者。他当时的发言结合国际发展趋势和数据展开。

在这次访问中，我之前对会议的许多疑虑都烟消云散了。这是一次正式访问，会议气氛严肃，而且非常务实——我认为这是一个好现象，证明了该国对“英加 3 号”项目的热情。在与蓬约、发展官员和企业高管的会谈中，我发现每个人都渴望并愿意采取适当的措施来推进该项目。我们乘飞机前往英加瀑布，感受了瀑布的震撼力量。第二天，我前往饱受战火摧残的刚果东部，参观了娃娃兵和战争暴行受害者过渡中心。

这次访问也表明，卡比拉犹豫的原因并不是刚果民主共和国对“英加 3 号”项目不感兴趣。当我在机场与蓬约道别时，他提到总统希望与我通话。我们通过电话谈了几分钟。卡比拉很亲切，并答应很快见面。他的电话让我感到些许欣慰。但这也是一个提醒，卡比拉就是卡比拉，作为这场豪赌的主要合作伙伴，他的行为和利益将产生巨大影响。

当飞机从金沙萨机场起飞时，我尝试评估自己对这次访问的感受。在我的内心深处，我很高兴能为该地区数百万人带来系统性变革。在理智上，我认为这个项目对中美关系和改变非洲经济前景有重大意义，并有助于应对气候变化。但在内心深处，我仍然对一些因素感到不安，尤其是我并不清楚我们主要合作伙伴的动机。

总的来说，这次访问确实平息了我的一些担忧，但我对卡比拉和金沙萨的领导层仍然几乎一无所知。如果我们押注“英加 3 号”项目，那么我们就是把赌注押在这个政府身上。我当时面临的问题是，我们能否建立一个足够强大的国际联盟，并有足够的透明度和制衡机制，使该项目顺利运作。

赌注越大，就越需要一个可靠的领导者。“重注”总是离不开可靠的合作伙伴，而我当时不可能知道卡比拉能否胜任这个角色。你可以相信自己的头脑、内心和直觉。理想情况下，这三者是一致的。但也有不一致的时候。当你感觉不对劲时，你应该认真对待这些不安，并停下来思考所有可能的后果。

信任是最好的试金石

2014 年 1 月中旬，我刚刚结束刚果之行，便马不停蹄地赶往北京。虽然时差反应让我疲惫不堪，但我一心想在复杂的政治环境中为“英加 3 号”项目构建一个强大的联盟。要为“英加 3 号”项目建立伙伴关系，我们需要与两个庞大的实体结盟，它们分别是世界银行和中华人民共和国，而美国与它们的关系非常复杂。

这个项目的核心是世界银行及其不知疲倦的行长金墉，我认识他已经有十几年了。他是医生出身，曾在世界各地从事艾滋病防治工作，后来成为达特茅斯学院校长。2012 年，他成为世界银行行长，该机构成立于第二次世界大战结束后，旨在促进经济发展和支持像“英加 3 号”这样的项目。

2013 年，世界银行向世界各国的项目投资 526 亿美元。事实上，仅在刚果民主共和国，世界银行就投入了 4.65 亿美元。世界银行的优势在于它的规模、可持续性和标准，它可以对项目进行长期投资并加以监督。金行长全力支持“英加 3 号”项目，而且已经投入一些资源进行可行性研究。但该机构面临的一个挑战是，其股东（包括美国和中国在内的世界主要经济体）对哪些项目能获得大力支持拥有发言权。“英加 3 号”项目的庞大规模意味着它需要获得股东的批准。

寻求中国的支持是我飞往北京的原因之一。就在 7 个月前，奥巴马总统与中国国家主席习近平在加利福尼亚州棕榈泉附近风景秀丽的桑尼兰兹会面。虽然中美关系存在诸多争议因素，但两国领导人表示，他们希望在一些领域展开富有成效的合作。

两国发展伙伴关系的潜力巨大，但并不容易。这种情况时有发生。合作伙伴关系是多种不同因素共同作用的结果。人际关系是一个重要因素，但它们也受到更大的力量的影响，包括不同办公室、组织乃至国家之间的政治关系的影响。时机在其中起着重要作用。某一年，甚至某一天行之有效的方法，在其他时间可能就不起作用了，因为这些关系和力量可能迅速变化。

但是，虽然知道政治（办公室政治、地方政治乃至国际政治）可能发生变化，但这并不会让人更容易接受。事实上，当我回到华盛顿时，警告信号变得越来越响亮，我几乎能感觉到信任感的下降。虽然中美关系在官方层面没有变化，但人们对中国的一举一动都持怀疑态度。我担心形势变化得太快，进而破坏伙伴关系。

你也可能会感觉到你的“重注”的外部环境正在发生变化。在大多数情况下，这些变化是由你无法控制的力量造成的，因此你能做的非常有限。你必须一步步尝试，观察这些步骤的效果如何。在这个过程中，你需要测试和合作伙伴之间的信任。但重要的是，当信任不足时，你要及时承认。

知道谁能说“不”

当我从北京返回时，美国参议院进行了一次投票。我为与刚果民主共和国和中国合作的复杂性感到担忧，但不知为何忽略了美国参议员帕特里克·莱希，他是来自佛蒙特州的民主党人，同时也是参议院拨款委员会的重要成员，该委员会负责决定美国国际开发署和其他机构可以动用的资金。他在一项重要的法案中加入了一条简短的修正案："美国的政策反对此类机构提供贷款、捐款、策略或政策以支持任何大型水电站的修建。"

自这个项目启动以来，我们就与环境和发展领域人士保持沟通，了解他们对"英加3号"项目的担忧。为使该项目如我们期望的那样带来收益，我们必须妥善解决这些问题。传统上，环保主义者担心水电建设会破坏环境，因为一些大坝会淹没山谷，影响鱼类和其他野生生物。同时，社会活动家担心水电站周围的居民会在施工和泄洪期间被迫搬迁或受到干扰。

几个月来，我们一直在采取行动，厘清事实，并建立联盟来解释我们的立场。事实上，我们的分析令人信服地说明了"英加3号"项目对周边环境和人的影响。不过，赌注越大，需要的合作伙伴、资源和创新就越多，能够说"不"的人也越多。其中一些反对意见是可以事先确定的，还有一些可以在过程中了解。

但有时，它们会悄无声息地到来。

莱希参议员对我非常友善。虽然我的一些同事和前任对参议院的监督怨声载道，但我从来没有抱怨过。他非常公正，而且致力于发展。直到今天，他仍然非常支持我。但是，他对水电项目有着强烈的担忧。我们知道他的反对意见，但我希望我们的分析和一些环保组织的支持足以证明我们的立场。此外，这项倡议并不需要在国会表决。

当这项修正案以72票对26票通过时，我感到非常惊讶，我们也陷入了困境。

无论我和我的团队如何寻找创造性的解决方案，都无法解决这个问题——没有简单的问题，无法把问题个人化，也没有旋转门可以打开。这次投票使我们之前所有的工作、会议、电话和访问变得毫无意义。在我担心国外情况的时候，我忽略了国内情况。最终，美国在世界银行关于推进"英加3号"项目的一次关键投票中投了弃权票。虽然这不是一个明确的"不"，但它清楚地表明美国政府将不会帮助组建支持该项目所需的联盟。由于美国的退出，人们不可能筹集到修建水电站所需的数十亿美元。"英加3号"水电站的建设因此陷入停滞。

我本以为"英加3号"项目的数据（为数亿非洲人带来巨大利益）会说服人们说"是"，或者至少不会说"不"。我还以为我们会有时间来证明这一点。但我本应更清醒地认识到，莱希参议员对水电项目的看法意味着什么。我应该看到参议院可能采取的立场。我同样没有意识到，大联盟始于国内，这意味着国内的反对声音可能会破坏整个协议。

在任何大型项目中，意想不到的不利因素可能迅速升级。这就是为什么敏锐的洞察力至关重要。你必须知道谁能说"不"，并立即让项目夭折。在这种情况下，我应该知道莱希参议员和参议院的反对可能产生巨大影响。你必须找出自己最薄弱的环节，并了解它可能如何崩溃。只有这样，你才能努力避免失败，或为失败做好准备。

事事不如意

“英加3号”项目是一个深刻的教训，让我体会到了“孤注一掷”失败的感受。这非常痛苦。失败沉重地打击了我，我反复回想这件事是如何发生的，以及我做错了什么。

如果说我还需要一个提醒，那么它将在几个月后到来。2014年8月，奥巴马总统主办了首届美非领导人峰会。在为期数日的活动中，数十位非洲国家元首和政府官员来到华盛顿，讨论贸易、投资、民主和安全问题。这次活动在国务院举行，礼堂被改造成了一个闪亮的、未来感十足的舞台。

当我在会议室里走来走去，与老朋友和一些热心的新朋友打招呼时，我被提醒了非洲过去的一些阻碍其发展的现实。那天，没有人比卡比拉总统更渴望与我交谈，他要求和我花几分钟时间谈谈“英加3号”项目。我有些犹豫，但还是答应了。

我们找到一个可以私下交谈的角落，卡比拉问我是否认为“英加3号”项目还有可能继续推进。我坦率地说，情况不容乐观。但意外的是，总统信心十足。他说，只要我们齐心协力，一定会有办法的。但是，卡比拉并没有通过官方渠道与我沟通，而是建议我通过一个非官方的电子邮件地址（一个Hotmail邮箱）和他的一个朋友（时任刚果民主共和国驻南非大使）与他联系。

这最后的致命一击强化了这个教训。后来在回想以前的“重注”时，我开始找出“英加3号”项目与成功案例在感觉上的不同之处。回想起来，在整个过程中，一直有迹象表明，这场赌局的不确定性和不稳定性超过了它应有的程度——它似乎总是与失败只有一步之遥。成功的项目需要多方面的协调，但这个雄心勃勃的项目在这些方面从未达成一致。

我应该更早看到刚果民主共和国、中美关系和美国国会的种种迹象，了解我到底在押注谁。我押注的是那些真正会受益的人，比如曾经的娃娃兵。但是，我应该把重点放在联盟的其他参与者身上。不过，强迫人们改变或说服他们加入共同的事业是非常困难的，我们能做的事情非常有限。“英加 3 号”项目从头到尾都不顺利。人类并不总是能够成为可靠的押注对象。一些人的改变出乎意料，而另一些人很难改变。即使国会从未考虑过就此事进行表决，我们也不可能通过一个Hotmail账号来使“英加 3 号”项目落地。

“孤注一掷”可能导致大失败。我为“英加 3 号”项目投入了大量的时间和精力，但最终还是失败了。这种感觉非常糟糕。失败本身已经很糟糕了，尤其是在大事上，在国家元首和参议员注视下的公开失败。幸运的是，我失败得很快，在非洲另一个地方刚刚开始爆发危机时，我的工作及时结束了。这次，我失败了。

你现在应该清楚，我当时也应该清楚，要想使一个“重注”成功，许多事情必须顺利进行。复杂性是不可避免的，坏运气和坏时机也是如此。必须学会识别这些迹象，并确保每个对“重注”的成功至关重要的人都尽最大努力且具备相应的能力。有时，只有在失败后，你才能体会到这一点。

如何了解你的合作伙伴

本章的标题可以是“如何避免失败”。但事实是，你做不到。

如果你志向远大，你在职业生涯中一定会遇到一个“英加 3 号”项目，一个永远无法完成，有时甚至无法启动的项目。你可能会不止一次遇到这样的情况。但无论如何，不要为了逃避失败而改变你的目标。失败令人感到羞耻，但这是追求大目标的代价。你必须愿意接受失败，否则你就会落入抱负陷阱，你会降低自己的目标，以避免因为失败而引起其他人的注意。

不过，你还是有办法确保你的“重注”不偏离正轨。在处理复杂问题时，即使你做的是正确的，也有可能遭到拒绝，甚至更糟。这是这项工作和复杂挑战的特征。

重要的是，你要真正了解和你打交道的人。以下是我学到的一些方法：

- **脚踏实地**。要意识到以前的成功并不能带来下一次的胜利。
- **谁是领导者？**动机很重要。一些人可能更关心自己的利益，而不是让数百万人受益的事情。自私是腐败的根源。你要尽职尽

责地调查，了解谁会受益，以及如何受益。

- **测试信任。**联盟依赖信任，你要知道合作伙伴之间是否有足够的信任来扩大项目规模。你需要通过压力测试来检验信任程度。

- **敢于快速承认失败。**在一个没有前景的项目上花费的每一分钟都是浪费。虽然失败令人痛苦，但像我们这样的人有责任为了改变世界而“孤注一掷”，我们必须接受这种风险，并在失败后迅速转向新任务。

- **知道谁能说“不”。**我不应该因为突发事件而措手不及。谁有权力搞砸或破坏你的项目？识别所有潜在的危险，并提前制定应对措施。要保持开阔的视野。你永远不知道意想不到的威胁会出现在哪里，但有方法可以避免突如其来的情况导致的措手不及。

6
不断试验

2014 年 10 月，在一片恐慌中，我登上了一架商用飞机，飞往一个暴发疫情的地区。

像“英加 3 号”项目这样的失败会留下持久的伤痛。但最重要的是，你不能让这些失败阻止你为重大问题寻求新的解决方案。就在那个赌注失败之际，一个可怕的问题突然出现：西非暴发了埃博拉疫情。

在飞机上，我逐渐了解到，有时候标准的操作手册已经不再适用于新情况了。你和你的组织可能已经确定了应对新危机的正确方法，但情况的变化可能会迅速推翻之前的所有假设。这时，你必须尝试新的解决方案。有时，“重注”本身就是应对已知威胁的新方法。在这次例子里，这个威胁是地球上最致命的病原体之一。

当时，在利比里亚及其邻国，每天死于埃博拉病毒的人数都居高不下。与此同时，在美国，一个名为托马斯·邓肯的利比里亚男子谎报了自己的接触史，并带着这种致命的病毒进入了美国。他最终在得克萨斯州达拉斯的一家医院去世，这是美国首例埃博拉死亡病例。另一名埃博拉患者是一名美国新闻摄影师，他被送往内布拉斯加州的一家医院，最终活了下来。

由此引发的恐慌是我在美国从未见过的。这种恐惧是可以理解的。埃博拉病毒致死率极高（在过去的疫情中，死亡率高达 90%），而且症状可怖（人们的眼睛会流血，就像恐怖电影中的情节一样）。西非暴发的疫情在规模上是史无前例的，而且这种疾病已经传播到了美国本土。更糟糕的是，一些人为了自己的利益而制造恐慌。唐纳德·特朗普当时是纽约房地产开发商和真人秀明星，在社交平台上拥有大量支持者，而且他极力引起人们的注意。随着中期选举临近，其他共和党人也通过社交平台和福克斯新闻煽动美国人的恐慌情绪。

恐慌加剧了人们应对疫情的难度。数十年来，西非国家一直在混乱和危机中挣扎，它们不仅未能保护自己的人民，也未能减轻由此带来的经济、社会和政治影响。传统上负责应对疫情的国际援助组织担心自身的安全。我们必须在华盛顿党派激烈斗争的背景下，制订一个可靠的计划来应对这些挑战。与此同时，我们担心疾病和疫情可能演变为全球性大流行病。

2014 年 10 月中旬，当我飞往利比里亚时，我觉得我们可能终于找到了能够控制疫情的策略。就在上一个月，奥巴马总统承诺美国将不遗余力地领导全球解决非洲的埃博拉问题，这样在抗疫一线的美国国际开发署就能挽救生命，并确保疫情不会继续蔓延。为了实现这个目标，我们必须想出新的方法，试验新的解决方案，以应对这场不断发酵的危机。

私营部门重视和奖励创新，但正如我在免疫债券、海地救灾和饥饿问题上看到的那样，社会影响组织和政府机构倾向于采取更为保守的做法。通常的做法是严格执行标准作业程序，尤其是在危机中。这样做的目的是尽量减少不确定性和争论，以及由此带来的摩擦。

尽管如此，我并未遵守埃博拉标准作业程序。我的做法引发了一定的分歧，但也促成了新的合作伙伴关系，带来了新的数据和新的方法——从我们西非盟友那里学到的东西和从我们自己的专家那里学到的东西一样多。这也促使我坐上飞机，前往疫情最严重的地区，亲自查看哪些措施有效，哪些无效，因为人们仍在死亡。我们所有实验的成功与否将决定死亡何时停止，以及病原体是否会在全球范围内传播。

尤其是在面对危机时，你可能不得不应对意想不到的“重注”。成功需要你在掌握所有知识之前就采取积极大胆的行动。在这种时候，人们往往倾向于依赖过去的成功经验。但你真正需要做的是不断试验，直到找到合适的解决方案。抗击埃博拉病毒的经历将教会我这个前所未有的教训。

紧急按钮

我的苹果手机又一次在我最不想接电话的时候响起。2014

年6月，在我飞往西非的4个月前，希瓦姆和我带着3个孩子（萨扬、阿姆娜和2011年出生的杰萨尔）回到我的家乡密歇根州，度过了一个期待已久的假期。当时，我们正在密歇根湖畔的睡熊沙丘国家公园徒步旅行。

手机和它的紧急通知是我们度假的原因之一——我要远离这一切，好好休息几天。这次旅行还有另一个目的，那就是与希瓦姆谈心。在短短几年里，我们的生活发生了巨大的变化。10多年前，希瓦姆和我搬到西雅图，我们致力于慈善事业。此后，我们搬到东部，有了3个孩子，并且都进入了政府部门。

我们需要评估我们的现状和未来的发展方向。希瓦姆在美国教育部表现出色，很快将在华盛顿管理一所特许学校。她还创办了一家成功的咨询公司。虽然我在美国国际开发署工作期间有过挫折和失望，但我热爱我的工作。如果可能，我很乐意继续在那里工作，但我错过了太多的家庭时光——生日、假期、家长会。在政府工作期间，我们花光了积蓄，需要考虑孩子们的未来，尤其是他们的学费和上大学的费用。美国国际开发署的薪水不菲，但我在其他地方可以赚得更多。

在和孩子们一起徒步旅行之前，希瓦姆和我坦诚地讨论了我们想做的事情。我花了多年时间寻找合适的工作，为自己是否走在正确的道路上而忐忑，现在突然要考虑离开一个我感觉对的地方，这确实不是一个能轻易做出的决定。我不清楚离开后要做什么，但我觉得是时候尝试新事物了。希瓦姆和我都觉得是时候离开政府部门了。我打算在回到华盛顿后，通知总统、国务卿约翰·克里和我的团队。

就在这时，和多年来的许多其他计划一样，这个计划被一通电话改变了。如果来电显示的不是金墉的名字，我可能不会接电话。他和我合作过多次，包括“英加 3 号”项目，因此他可以直奔主题。当我接通电话时，他说：“我按下了紧急按钮，世界还没有意识到西非的埃博拉疫情有多糟糕。”

我问他：“你认为发生了什么？”我们都知道，这已经不是第一次拉响警报了。我们现在知道，2013 年 12 月，几内亚的一个小镇出现了首例病例，不到一个月，已经有传闻称，一种不明病毒正在全国各地传播。但到 5 月初，一支由国际组织和美国国际开发署组成的团队来到利比里亚，支持当地卫生官员应对这次传统的乡村埃博拉疫情，疫情人数因此有所下降。这似乎只是一次小规模暴发，就像几十年来发生在乡村的数十次疫情一样，这些疫情通常在夺走数百条生命后迅速消失。

当时没有人知道为什么埃博拉疫情会在夏天再次暴发，我们猜测可能是病毒发生了变异，也可能是最初的数据有误。不过，到了那个时候，比起“为什么”，更重要的是“哪里”——埃博拉疫情已经蔓延到利比里亚首都、拥有 100 万人口的蒙罗维亚。考虑到这种疾病的传染性和 3 天到 3 个星期的潜伏期，它可以在密集的城市中，从一栋楼传播到另一栋楼，从一个街区传播到另一个街区。由于这座城市与机场和其他出境路线相连，这也增加了埃博拉病毒传播到非洲其他国家及欧洲和美国的可能性。

我告诉孩子们，我不得不错过这次徒步旅行。希瓦姆知道我脸上的表情。她明白我不可能在那个时候提出离职。从某种程度上说，我的经历（医学院、疫苗工作、海地救灾等）使我做好了加入抗击非洲疫情战斗的准备。我预订了离开密歇根州的航班。我不知道我们要做什么，但我有许多问题。我认识一些人，他们或许能解决这些问题。接下来，我将给他们打电话。

找到创造新选项的方法

我的第一个谈话对象是无国界医生组织主席乔安妮·刘。该组织的敬业的医生们非常出色，在危机发生时，他们往往是第一批（也可能是唯一一批）赶赴现场的国际救援人员。乔安妮是一名急诊儿科医生，她直率、执着，是无国界医生组织精神的化身。我非常尊敬她，并且知道她会对面临的挑战做出清晰而冷静的评估。

乔安妮没有惊慌——惊慌不是无国界医生的作风。她不仅向我讲述了埃博拉疫情最坏的情况，还描述了在疫情失控的情况下，对国际社会应对措施的悲观评估。无国界医生是少数几个在当地的组织之一，但其团队很快就将不堪重负。

我迅速拨通了其他组织的电话，包括我们在当地的救援小组，听到的都是警告和恐惧。当我与非洲最勇敢的领导人之一、利比里亚总统埃伦·约翰逊-瑟利夫以及邻国塞拉利昂和几内亚的国家元首通话时，他们都在努力应对快速蔓延的疫情。

总的来说，这些电话让我们对当前的情况有了清晰的了解。

从金墉的那通电话开始，我每次都能从人们的声音中听到紧张和挣扎。没有人知道到底该怎么办。许多人担心，由于 3 种加速因素，疫情可能会失控。

首先，利比里亚原本脆弱的卫生系统已被摧毁，剩下的医护人员在死亡的威胁和恐慌中苦苦挣扎。医生和护士表现得非常勇敢，但现在感染者和死者实在太多了。到了初夏，已有 30 多名医护人员殉职，还有更多的人由于缺乏设备而无法安全地工作。除了人道主义的悲剧，这些人的牺牲意味着能够在医院工作并照顾伤病员的人更少了，这对一个拥有 400 万人口的国家来说无异于雪上加霜。

其次，非政府组织陷入瘫痪，难以保证其人员的安全。因此，他们无法向该地区派遣更多人员。我与“健康伙伴”的法默和海伦·盖尔进行了交谈，法默在几年前的海地救灾中曾与我合作过，而盖尔是一位出色的医生和公共卫生领导者，也是人道主义组织美国援外合作社的首席执行官。他们说，像他们这样的团队没有足够的资源来处理疫区的大量病人，更不用说为控制病毒而广泛地追踪接触者了。其他有能力或意愿参与这项工作的非政府组织则表示，在找到保障救援人员安全的方法前，它们无法派遣其他人。但是，就算我们能将受感染的救援人员送到瑞士，他们在那里真的安全吗？

最后，我们很难获得有关埃博拉疫情的可靠的实时数据。我们很快发现，按照 2014 年的标准，大多数追踪埃博拉的数据都是过时的。满是患者信息的手写日志让我想起了我们在 2002 年为全球疫苗免疫联盟审计的疫苗接种分类账。更糟糕的是，现有的非数字化的数据系统还造成了沟通方面的问题。如果没有数字化通信的基础设施，即使是像记录哪些患者的埃博拉病毒检测样本已经被送往实验室这样的基本任务，也会变得像玩传话游戏一样混乱。

5 月，记录在案的病例总数只有 75 例，但仅仅两个月后，新增病例就几乎增加了 10 倍。流行病需要追踪疾病的传播情况，但我们的检测能力有限，可能需要数天时间才能确诊，而此时其他人可能已被感染。由于公共卫生系统遭到严重破坏，通信设施落后，没有人能够掌握关键信息。

我与外部专家的通话以及美国国际开发署的简报都清楚地表明，我们缺乏迅速应对疫情的能力。通常情况下，美国（包括美国国际开发署）会利用资源、技术和专业知识来应对国际危机。我们在之前的埃博拉疫情期间正是这样做的。不幸的是，与海地的情况一样，当时的第一响应人数量太少，美国国际开发署无法提供有效的帮助。

这些电话唯一的好处是，与许多老朋友交谈能让人平静下来。但是，这些人是我认识的最有能力的人，而他们集体发出了一种原始的求救信号。虽然我没有惊慌失措，但我确实感受到了挑战和未知因素带来的巨大压力。

有一件事是明确的，那就是我们必须找到一种可持续的消灭西非埃博拉病毒的方法，以挽救生命并防止疫情进一步扩散。我没有辞职，而是重新投入工作，在白宫西翼听总统告诉我们的团队，要遵循科学，不要理会政治噪声，这些噪声肯定会越来越大。问题是，科学并不那么清晰。我们必须先弄清楚科学，然后再看看它会把我们引向何方。但不管新方法是什么，我们当时都没有足够的人员和平台来实施它。

在我职业生涯的那个阶段，我已经有了一些尝试新方法的经验。但我也从海地、索马里、阿富汗等热点地区的经验中学到，在平时进行创新并将其付诸实践已经是一个挑战，更不用说是在一场可怕的危机中。到那时为止，我们已经设立了一个目标，并明确了我们在一线能做的事情非常少。虽然这没有给我们带来任何安慰，但它确实给了我们一个试验的起点——我们如何才能增强我们在疫区的能力？

你会遇到一些情况完全不明朗的时刻，尤其是当你不确定是否有能力采取有效行动时。你必须尝试做的是，即使没有选择，也要把它当作你进行首次创新的基础。有时，解决问题的第一步就是找到一种方法来创造新的选项。了解你知道什么，知道你想去哪里，剩下的就是一步步走下去。

在安全的地方提出尖锐的问题

所有与埃博拉危机有关的政府部门负责人，都目不转睛地看着美国疾病控制与预防中心主任托马斯·弗里登，他用精准的图表和担忧的语气为我们讲解情况。汤姆（托马斯的昵称）曾是纽约市卫生局局长。他既是传统公共卫生方法的产物，也是其领导者。他的图表被投屏到白宫会议室的大屏幕上，我们可以看到，数据在几个月内略有下降，然后突然大幅上升。

由于病例数量陡增，疾病控制与预防中心对西非埃博拉病例数量的预测被称为“曲棍球棒”图。该图显示，可能会有多达 140 万人感染该病毒，估计死亡率约为 70%，这意味着到年底可能会有 100 万人死亡。虽然我对这个预测有一些疑问，但仍然和在场的许多人一样感到震惊。这个数字意味着，失败的后果将非常严重。

在所有人都对疾病控制与预防中心的预测感到极度不安时，汤姆仍然秉持着对这一问题的传统思维方式，建议我们遵循几十年来形成的应对埃博拉病毒的标准方案。考虑到这种疾病的致命性，它的逻辑非常简单——严格隔离任何可能被感染的人。自从 20 世纪 70 年代第一次已知的埃博拉疫情暴发以来，这种将感染者与未感染者分开的传统方法已经成为阻止其传播的唯一途径。

这当然不是新方法。在没有人听说过美国疾病控制与预防中心或美国国际开发署的农村，人们已经知道如何应对疫情——出现感染迹象的人会被送到远处的帐篷或其他住所生活。如果他们能活下来，就可以回来。但大多数人没有回来。更有组织的应对措施是启用埃博拉治疗中心。它们不仅有帐篷，还有隔离设施，对防护装备、温控设施和处理遗体的焚化炉都有不同的规定，以尽可能地减少传播。尽管如此，医护人员唯一能做的就是为感染者提供基本的姑息治疗，同时观察谁能活下来。

面对疫情暴发，标准应对方案要求我们实施大规模隔离。汤姆和公共卫生领域的其他专家试图在西非各地建立埃博拉治疗中心。但在我的同事们优先考虑隔离和建立埃博拉治疗中心的时候，我对这种方法能否奏效深感怀疑。虽然疾病控制与预防中心进行了跟踪并提供了建议，但领导美国在西非行动的是美国国际开发署，我们拥有自己的团队并与从事相关工作的组织合作。我必须将疾病控制与预防中心的建议转化为行动，而大规模隔离既不现实，也不合逻辑。我没有更好的计划，但标准方案令人生疑。

在一次白宫关于埃博拉问题的会议上，我遇到了时任美国国家过敏和传染病研究所主任的安东尼·福奇。他是公共卫生领域的标志性人物，在20世纪80年代和90年代因参与应对艾滋病而闻名。从那时起，他就成了联邦政府应对疫情的中坚力量。我请托尼（安东尼的昵称）解释标准应对方案的由来。

托尼建议我阅读的文章并没有打消我的顾虑。40年来，我们应对的一直是农村地区的小规模疫情，但当前的危机与以往截然不同。9月，每星期新增病例数达上百例，这个规模是前所未有的——以往单次疫情的总病例数最多为425例。疫情正在向城市传播，蒙罗维亚的贫民窟出现了越来越多的病例，病毒很容易在那里传播，而且那里无法实施隔离。隔离还需要医护人员，而利比里亚极度缺乏这类人员。

考虑到此次疫情的不同之处，标准应对方案根本无法奏效。我们需要针对这次疫情采取应对措施。到那时，我已经开始与一些政府外的朋友和专家交流——这是另一个向“打破常规小组”咨询的例子。这次，我几乎每晚都与保罗、海伦、里克·克劳斯纳（我在盖茨基金会的前同事）和其他一些人通电话，如哈佛大学的医学遗传学家帕迪斯·萨贝蒂。他们都不在政府部门工作，因此不需要频繁参加会议，也不会被官僚主义和惯例束缚。他们大多和我一样，怀疑标准应对方案是否适用于这次疫情。

这些电话为我提供了一个安全的地方，我可以分享我的挫败感，说出我的困惑和面临的挑战。例如，我们发现利比里亚人害怕隔离病房，因为进入隔离病房的人很少出来。每天晚上开车回家时，我都会用手机讨论这些问题和其他进展。我们都对传统的公共卫生方法心存疑虑，也感受到了在如此高风险的情况下尝试不同做法的压力。

这些谈话也让我有信心在与奥巴马总统及其团队在白宫战情室举行的正式会议上提出尖锐的问题和新想法。起初，这使我与汤姆产生了一些摩擦。这并非针对个人。我们对总统“遵循科学”的指示有着不同的看法。我们都在履行自己的职责，都喜欢进行激烈的辩论，尤其是在闭门会议上。我从未质疑过汤姆的动机——他坚信我们应该坚持过去行之有效并得到数据验证的方法。我的替代方法更多的是基于我们当时在疫情严重的地区看到和听到的情况。

在每次危机中，你都会发现一种自然的倾向，那就是回归被认为可靠的方法。你会感受到坚持走安全道路的压力，即使你的直觉告诉你这条路似乎并不正确。你会与推动那些你认为不合适的方法的人产生冲突，还会感受到不确定性和风险带来的压力。你可以组建一个外部顾问小组，与他们交谈，提出棘手的问题，分享你的困惑。如果他们是对的人，他们会让你承认自己不知道的事情，帮助你学习，在你做错的时候告诉你，在你做对的时候给你信心。

将试验融入策略

在与里克、保罗、帕迪斯等人通话时，我们一直在讨论一个问题：如果标准应对方案是错误的，那么正确的做法是什么？

曾在非洲和海地工作过的保罗还指出，应对措施必须适应利比里亚人与人关系密切的社区结构。埃博拉治疗中心在人们感到极度恐慌的时候破坏了社区的紧密联系。这种破坏可能招致人们的反感，甚至导致人们反对所有埃博拉防控措施。

除了对埃博拉治疗中心的不信任乃至恐惧，利比里亚人的葬礼是社区成员共同参加的，亲戚朋友通常会聚集在一起，清理和埋葬遗体。从事这项工作的通常是女性（母亲、妻子和女儿），她们以这种方式表达对死者的爱和尊重。这是哀悼仪式的一个环节，也是对死者表达敬意的一种方式。但事实证明，这种做法存在传播风险，因此一度被禁止。这种进一步破坏社区的做法和埃博拉治疗中心一样，很难被利比里亚人接受。

保罗和美国国际开发署的一些人也开始报告说，利比里亚人可能已经找到了一种替代方法。他们意识到了葬礼的危险性，成立了专门的埋葬团队，承担了频繁且危险的接触死者的重任。这些人会穿戴防护装备，通常会按照宗教传统清理遗体，然后将遗体装入特殊的袋子，这既能减少病毒的传播，也体现了对死者的尊重。快速升级的危机有一个好处，那就是使得某些措施的效果立竿见影。到 9 月中旬，美国国际开发署已经开始提供资源和人力，以支持这些更安全的埋葬方式。

事实上，汤姆和我都无法确定哪种方法会取得更好的效果，是将患者严格隔离在埃博拉治疗中心，还是像埋葬队这样的社区方法。在那些漫长而紧张的日子里，这种不确定性加剧了摩擦，这就是危机的本质。我们都在努力遵循科学，只是科学把我们带到了不同的地方。

为了明确我们已经知道和需要知道的情况，我重新使用了海地救灾时行之有效的方法——将美国国际开发署的数据汇总在一页纸上并共享。白宫将这些频繁出现的一页纸报告称为“仪表盘”，并在阿富汗战争等复杂挑战中使用过类似的方法。无论人们对策略的看法如何，“仪表盘”至少可以迫使每个人都看到相同的信息，即使不一定在同一页上。

在我们开始起草数据策略时，汤姆和我以及我们各自的团队就“仪表盘”应该包含哪些内容发生了争论。幸运的是，美国卫生与公众服务部部长西尔维娅·伯维尔曾是我在盖茨基金会的上司，现在负责监督汤姆的工作。最终，西尔维娅、汤姆和我一起研究了如何评估应对措施。最后，一天早上，我和我的团队坐在厨房的餐桌旁，起草了一个我们可以接受，并相信汤姆也能接受的“仪表盘”版本。

“仪表盘”包括几个指标。汤姆的主要目标（隔离病房和病床的数量）理所当然地被列入清单。我还推动纳入了包括埋葬队在内的几项社区干预措施。比起任何单一的方法，我的目标是为更多的试验留出空间——将这些选项列在页面上意味着它们会被尝试，它们的影响将被评估，如果成功，就会被推广。

在“仪表盘”的争论中，我逐渐学会了如何在一个由人道主义工作者、科学家和传染病学家组成的临时联盟中进行创新。如果说“仪表盘”是为了协调，我们就必须将试验纳入其中。在危机中，确定性是具有吸引力的。但即使是最聪明的埃博拉专家，也是根据完全不同的历史案例来判断当前的疫情。我发言的原因不是我很确定，更多的是因为我想让人们意识到，我们对可能奏效的方法知之甚少。“仪表盘”为我们提供了一些可以尝试的选项。

在任何危机的开始阶段，在所有常见的不确定性中，将试验纳入策略是至关重要的。尤其是在快速升级的危机中，你必须考虑自己可能会出错，并想方设法尝试新的解决方案，通过合理的指标来检验其有效性，然后推广经过验证的方法。

迅速建立和整合合作伙伴关系

当时我们没有足够的人员来实施隔离或社区创新方案。由于利比里亚的医护队伍遭到重创，而且国际人道主义人员不足，当地没有足够的第一反应人员来实施必要的控制措施，也无法进行有效的试验。我们需要有能力和勇气的个人或机构在疫情肆虐的一线开展工作。

汤姆、国家安全顾问苏珊·赖斯和我，以及白宫战情室的其他许多人一致认为，美国军队是唯一的选择。我在政府工作期间，经常惊讶于美国军事人员在危险环境中工作时表现出的非凡纪律性。训练有素的军人在没有援助的情况下到达目的地，纪律严明地开展行动，自带医疗支援，并在需要时迅速撤离。

但美军从未被派往海外以应对高度传染性疾病，这带来了额外的复杂性。这项任务必须得到参谋长联席会议主席马丁·登普西将军和国防部长查克·哈格尔的支持，否则将很难启动和维持。他们的担忧是合理的。即使是接受过相关培训的全球应急响应人员，也对部署他们的团队犹豫不决。

在白宫战情室里，我们讨论的不是是否部署军队，而是如何部署。

一些人更倾向于开放式部署，这要求美军应对埃博拉疫情中的各种情况。美国军人可能需要将血液样本送往实验室，把病人送往治疗机构，这可能会导致军人接触病毒。五角大楼的领导人对执行一项风险极高、定义不清的非军事任务感到担忧。与此同时，我回顾了在海地和阿富汗与军方的合作经历，认为军事人员更适合支持地方、国际以及美国国际开发署和美国疾病控制与预防中心的团队应对疫情的努力，而不是代替他们工作。

我与马蒂在阿富汗问题上合作过，因此我与他详细讨论了让部队安全地作出贡献的方法。

我们首先确定了部队不会做哪些事情。美国军事人员不会治疗病人或执行医疗任务，这些任务将由当地医护人员、国际卫生工作者以及由美国卫生与公众服务部派出的医生和护士组成的美国公共卫生服务委员会的成员完成。在此基础上，我们确定了军方最有效地作出贡献的方式。我们一致认为，由于美国军队擅长在危险环境中修建设施，因此他们将帮助建设基础设施，包括用于隔离感染者的埃博拉治疗中心、几个生物安全实验室，以及在蒙罗维亚机场为病倒的急救人员设立的野战医院。

总统同意了这个计划，并指出，如果我们有哪怕一名军人死于埃博拉病毒，整个行动都将停止。这是一场大规模军民合作试验的开始。美国国际开发署、美国军方、疾病控制与预防中心和其他机构都有各自的最佳做法和组织流程，但由于一线的情况需要我们具有高度的灵活性。我们需要兼具快速行动能力和适应性。我们必须学会如何在联盟内部进行试验。

一个新想法是通过合作培训来重建利比里亚的医护队伍和应急团队。培训是美国军方擅长的领域，也是有效增加有能力的人员的重要途径。虽然无国界医生一直与军方保持距离（军方是许多需要应对的危机的始作俑者），但我们还是说服了无国界医生暂时与军方合作。在蒙罗维亚的塞缪尔·卡尼翁·多伊体育场内，美国军人和无国界医生的工作人员首次合作，为数千名西非和国际人员展开了应对埃博拉病毒的培训。

到 10 月初，我们仍然不知道将如何结束疫情。埃博拉疫情曲线仍在急剧上升。但是，由于采取了创新的措施，我们组成了一个非传统的联盟，包括无国界医生等非政府组织、世界卫生组织、当地团队，以及此时加入的美国军方。我们在利比里亚部署了 1800 名美国军人，还有 1000 多人正在前往利比里亚的途中，以协助已经在那里的 700 名无国界医生的医护人员和越来越多的利比里亚工人。

为了应对危机，我们需要找到与合作伙伴协作的新方法。很少有比美国军方和总部设在日内瓦的无国界医生组织更令人难以置信的合作关系了。让不太可能合作的伙伴一起工作绝非易事。我们必须克服困难，做出艰难的抉择，以找到一个既能实现我们的共同目标，又能兼顾每个合作伙伴的优势和限制的战略。

当你在危机中“孤注一掷”时，你必须迅速在这些大型组织之间建立合作关系。你可以从小处着手，实事求是地确定哪些可以做，哪些不能做。在此基础上，你可以说服新的和现有的合作伙伴接受新风险，尝试新方法，并与新组织合作。

在数据的精确度和实时性之间寻求平衡

当时，我们正在西非建立一个联盟，并且有一些创新的想法。但我们没有办法追踪结果。美国疾病控制与预防中心和其他采用传统模式的机构，希望得到经过严格验证的数据，这些数据需要数天时间来确认和发布。问题在于，面对快速传播的病毒，三四天的时间对于阻止病毒传播是非常关键的。我们需要实时数据（为此甚至不惜牺牲一定的精确性）来指导我们的防控措施，从而阻止病毒传播，挽救生命。

9月下旬的一个早晨，我错过了瑞典卫生学家和数据专家汉斯·罗斯林打来的电话。汉斯是一个与众不同的人。像许多人一样，我在过去几年里通过他引人入胜的讲座和演讲认识了他，他的讲座和演讲不仅有新颖的分析、精美的动画，甚至还有吞剑表演（完全是为了增加趣味性）。汉斯对数据有很深的信仰——在他参与的多部纪录片中，有一部名为《统计的乐趣》。他为研究一种鲜为人知的麻痹性疾病（被称为“konzo”），曾在莫桑比克农村生活过两年，因此他知道我们在追踪埃博拉病毒数据时面临的困难。

当我给汉斯打电话时，他只是说：“我想我要去利比里亚了。”当时他64岁，还患有肝病，他的这个无私的决定给了我极大的帮助。

汉斯本能地意识到，数据必须“足够好”，不需要完美，但必须快速且对所有人透明。为了支持汉斯，我们组建了一个非传统的团队，包括来自约翰斯·霍普金斯大学医学院的专家和我的一位老朋友——史蒂夫·范罗克尔。史蒂夫是白宫管理和预算办公室的首席信息官，他同意请假来帮助我们。史蒂夫曾在微软公司工作，并一路晋升，我在他为比尔工作时认识了他。后来，史蒂夫也来到华盛顿，进入政府工作。

最终，汉斯和他的团队开始绘制病例实时地图。它追踪了几个指标，包括感染者、疑似感染者和可能感染者的人数。不久之后，我们就能以更快的速度获得数据，这使我们可以在不必担心落后于形势的情况下开展试验，同时提高了我们在最需要的地方的反应能力。仅仅过了几个星期，团队就成功开发出了一套覆盖全国的高保真和低保真的网络系统（通过短信和年轻人骑摩托车在各个村庄之间传递信息的方式来运行）。这套系统的覆盖范围令人惊叹，而其拼凑的性质甚至为我们带来了一些轻松的时刻。一天，我询问一个缺失的记录时，被告知是因为有人的摩托车没油了。

我们与美国大使馆和美国国际开发署的同事，还开始与利比里亚的电信公司合作开发通过智能手机应用程序追踪社区接触者的系统。一个名为“CommCare”的团队开发了一个应用程序，让我们可以在追踪接触者时使用地理标记。这些应用程序使民众能够分享其所在社区的病例信息，为我们提供了可靠的线索。另一个团队创建了一个短信系统，使国家卫生领导者能够与人数较少的农村医疗卫生工作者进行沟通与合作，填补了信息空白，降低了数据在传输过程中丢失的可能性。我们还与美国军方合作，加快了一系列检测血液样本的速度，大幅缩短了确诊阳性所需的时间。

所有这些数据都经不起《新英格兰医学杂志》同行评审的审查，许多数据在得到当地政府或国际卫生机构验证之前，就已经被使用了。但在这场危机中，最重要的不是数据的完美，而是实时性。虽然数据的质量令人担忧，但我们能够收集到这些数据这一事实让我们感受到了进步和潜力。数据还使我们能够及早了解哪些措施有效，哪些没有。我们要么很快失败，要么更快地推广有效的措施。

数据还成为联盟的“连接的纽带”。就像在海地地震后一样，我们在华盛顿和西非分享数据，因为这是让所有人了解情况的最佳方式。这让我们有机会尝试真正有效的方法。这场危机表明，在创新的过程中，实时数据（即使它们既不完美，也不完整）就是一切。

我在进入美国国际开发署之前，就已经看到了数据的潜力。无论是在泛美卫生组织尘封的档案中，还是在盖茨基金会的电子表格中，无论是在海地的记分卡中，还是在追踪饥饿情况的过程中，数据对于我参与的每一个重大项目都至关重要。我们必须评估成果，这样才能知道是否取得了进展。因此，快速、可见、透明的数据对于实现任何有意义的目标都是必不可少的。在这个案例中，数据创造了在复杂的环境中进行试验的机会和条件。

如果你专注于追踪结果，那么总有一天你会在数据的准确性和即时性之间做出选择。每种情况不尽相同。不过，在大多数情况下，实时数据要优于来得太晚的完美数据。这并不意味着你应该降低标准。但是，如果你和团队一起工作，那么实时数据（即使并不完全准确）可以帮助你更快地进行试验和推广行之有效的方法。

推广有效的做法

2014 年 10 月 13 日，当我登上飞往西非的航班时，我更加确信，我们可能终于走上了正确的道路。虽然我正在前往一个危险地区，但远没有6个星期前那么担心，那时我们毫无头绪。现在我觉得，我们已经有了足够的合作伙伴、数据系统和社区干预措施来扭转局势。在这次旅行中，我希望能更好地了解疫情的实际情况，并试图告诉美国公众，我们正在控制局势。

尽管如此，在等待起飞时，我还是感到一阵紧张。航站楼的电视不断播放着有线电视新闻节目，大肆宣扬埃博拉在美国的风险。在有线电视和社交平台上，特朗普、新泽西州州长克里斯·克里斯蒂和国会的共和党议员纷纷抨击奥巴马，并建议采取隔离措施，切断航班以及国家与外界的联系。在他们制造恐慌的同时，奥巴马总统仍然坚持西非的应对策略。他还采取了额外的措施来保障美国国内的安全，包括任命罗恩·克莱因为埃博拉应对协调官，我在戈尔的竞选活动中认识了他，他拥有非常强的办事能力。

焦虑确实是普遍存在的。我和希瓦姆、我的孩子们，甚至我在白宫的一些同事都对这次旅行充满了担忧。当华盛顿周围的人听说我要去疫情高风险区时，他们不仅担心我的安全，还担心我回国后是否应该与白宫的同事保持距离，避免握手，甚至不应该去看我的孩子们踢足球。

当我终于在一个潮湿闷热的早晨抵达蒙罗维亚时，我把注意力放在查看我们的进展上，不再关注国内的担忧。我的第一站是利比里亚，然后是几内亚和塞拉利昂。我顺便拜访了由美国人、欧洲人和利比里亚人组成的数据团队。我一直收到他们的报告，但这是第一次有机会与他们面对面交流。他们非常称职，团队成员会交流想法，并迅速采取行动以解决数据问题。我相信他们能够找到应对挑战的办法。

并不是所有创新都能成功。我们考虑过发放装有防护设备、海绵和肥皂的桶，这样人们就可以在有人去世后清理血液和其他体液。但我们很快发现，如果大规模推行这种做法，病毒可能会传播得更快、更广。我们还尝试开发一种改进型生化防护服，这种防护服不仅能更好地防止感染，还有降温的效果。幸运的是，它最终成功了。不幸的是，它在危机结束后才研制成功。

同样，我还参观了美国军人在利比里亚国防部附近建造的一个拥有 300 个床位的“帐篷城”，这个大型埃博拉治疗中心即将开放。它是近 10 个类似设施中的一个，给人一种毛骨悚然的感觉——一看就知道，它是为应对某种可怕的事情而建造的。我从数据中了解到，人们并不想去那里。这次参观证实了我最初的怀疑——隔离病房虽然是必要的，但不会成为主要的防控手段。

尽管如此，看到我们的许多创新真的实现了并挽救了生命，这给人一种难以置信的感觉。

在塞拉利昂，我参加了由世界卫生组织和美国国际开发署举办的防护装备培训课程。我参加的这个课程是我们旨在培训当地医护人员正确使用我们提供的新装备的共同努力的一部分。每个星期，都有 120 名当地社区工作人员会接受关于如何正确使用口罩、埃博拉防护服和其他重要防护装备的培训。

在访问期间，我还遇到了一些我见过的最勇敢的人——利比里亚的“收尸人”。在过去的一个月里，美国国际开发署从支持一个团队到帮助建立了65个安全埋葬队，这些团队在利比里亚各地开展工作。数据显示，这些埋葬队是阻止病毒传播的有效手段之一。这种以社区为基础（倾听当地居民意见并追踪数据）的方法正在发挥作用。

这次旅行证实，在我们的共同努力下，情况已经开始好转。病例数量终于趋于平稳并开始下降。汉斯和他的团队看到了一些证据，证明病例减少要归功于社区干预措施。当时我们不知道的是，我在利比里亚时，埃博拉疫情的高峰期刚刚过去——当月仅利比里亚就有3000例感染病例。到11月下旬，该国的感染率大幅下降，蒙罗维亚疫情最严重的区域的情况最为乐观。随着基于社区的防控措施的持续推行，到12月，病例数量又减少了三分之二。

得益于这些结果，我在离开西非时终于有了一种我们有可能找到解决方案的感觉。疫情仍有可能出现可怕的转折，病毒可能变得更加致命或传染性更强。但我在离开时感到，我们已经建立了一个强大的联盟，制订了一份基于社区干预措施的计划，并拥有了追踪结果以实现我们的“重注”的能力。

我回国后不久，奥巴马总统几乎每天都要在白宫战情室召开一次关于埃博拉的会议，他问我所有未使用的埃博拉治疗中心的情况。他想知道建造它们是否浪费了时间和资源。后来，《纽约时报》披露，在美国军方建造的11个隔离中心中，仅有28名患者接受了治疗。

虽然我对埃博拉治疗中心和传统应对方案持保留态度，但我并不知道它们大部分会被闲置，没有人能在9月就预见这一点。我告诉总统，这是一个艰难的决定，因为我们无法可靠地预测什么措施可能有效。我告诉他，他做出了正确的决定——派遣军队的决定使人道主义者感到安心，激励了接受援助的国家，并为创新提供了机会。我还说，虽然建造埃博拉治疗中心的费用只占总成本的15%左右，但它是一项保险措施，以防病例数据再次飙升。试验帮助我们以比预期更快的速度战胜了埃博拉病毒——不过在那个时候，我们还不知道这一点。奥巴马表示同意。不是所有试验都会成功，但这并不意味着它们浪费了金钱或精力。即使我们用其他方法取得了胜利，也不意味着埃博拉治疗中心是没有价值的。试验意味着要尝试许多方案，并推广其中有效的做法。你还需要冒一些风险，其中一些可能不会成功。但如果你有这样的预期，那么你就可以优先考虑不同的解决方案。

需求是发明的根本

白宫旁边的行政办公楼里有一个带舞台的小礼堂，主要用于举办活动和发布公告。虽然它的历史不及椭圆形办公室悠久，但奥巴马总统经常使用它，尤其是在通报最新进展时。2015年2月11日，所有人都在等他入场，我坐在第一排，在托尼·福奇和汤姆·弗里登之间。

几分钟后，奥巴马总统走上讲台，宣布抗击埃博拉疫情的工作进入过渡阶段。总统身后站着一群人，其中一些人穿着白大褂，另一些人穿着军装。总统明确表示，疫情尚未结束，威胁依然存在，但紧急阶段已经过去了。因此，美国将撤回大部分军事人员，并开始逐步减少在西非的救援。

奥巴马发表讲话时，埃博拉危机已经有所缓解。虽然直到次年 6 月，危机才正式宣布结束，但当时利比里亚的病例数已经下降了 90%。美国政府为应对危机花费了 24 亿美元。在 2.86 万例确诊病例中，超过 1.1 万人死亡，死亡率远低于以往的疫情，也远低于美国疾病控制与预防中心警告的可能高达 140 万人的死亡人数。美国本土只有 11 例确诊病例，除了两例，其余都在西非感染，只有一例死亡。到 2015 年 8 月，在所有受影响的国家中，每星期仅有 3 例确诊病例。

那天早上，当讲话结束时，我在美国国际开发署的任期只剩下几天了——12 月，在病例数下降后，我向总统表达了辞职的意向。如果不是命运的几次转折，我可能会成为一名医生或公共卫生工作者，站在那个舞台上，穿着白大褂站在总统身后。但实际上，我以一种不同的方式参与其中，而且感到振奋，因为我看到一个庞大、混乱、复杂的团队在令人感觉到危险和高压的环境中齐心协力，不断试验，在需要时调整方向，最终找到了可行的方法。

我们保持了必要的灵活性，并根据证据制定对策，在实践中不断调整我们的做法。这是一个重要的教训（5 年后还有更大的教训），它使我们意识到了墨守成规的风险。遵循科学和数据意味着我们要跟踪每天的变化，并不断学习。

后来的评估表明，社区干预措施是改变疫情发展趋势的主要因素。尤其值得注意的是，以安全的方式埋葬埃博拉病毒感染者的做法，有效地减少了感染病毒的风险（在某些地区，高达 80% 的感染是由遗体处理不当导致的）。

埃博拉疫情也清楚地表明了必要的创新与不必要的创新之间的区别。企业和政府中的许多领导者喜欢变革，因为他们有这样的能力。在“颠覆者”被推崇的当下，为了“创新”而打破常规似乎会增加价值。事实上，我们可以在商业新闻中和失业者身上看到一些颠覆者造成的伤害。还有一些企业创新者未能及时意识到变革的必要性，比如柯达公司。当然，也有一些杰出的企业家通过创新走出低谷，获得了更大的财富，比如苹果公司的史蒂夫·乔布斯。

但是，在为人类服务的工作中，最有效的创新往往来自那些懂得倾听，而且真正倾听服务对象的人。身陷困境的人能感受到变化的力量，能看到新出现的信息，而且有动力寻找更好的解决方法。事实上，在抗击埃博拉的过程中，最有效的创新来自直接面对致命传染病的利比里亚人，而非来自美国人在电话会议上或战情室里的头脑风暴。从某种意义上说，我们最好的创新就是学会向他们学习。

需求是发明的根本。错误应对危机的方式有许多种，其中一种是坚持旧方法，另一种是为改变而改变。作为一个联盟，创新的唯一途径是明确已知和未知的信息，然后进行严格的评估，并在此基础上决定下一步的行动。在决策过程中，我们应排除政治因素、舆论压力等影响，而且不应畏惧风险。

如何不断试验

“孤注一掷”需要试验。但在大型团队和大型联盟中进行试验尤其困难。合作伙伴越多元，问题就越复杂，相互竞争的声音就越大。每个团队都有自己的规定、标准操作程序和做法，这会削弱创新和试验的能力。

不过，你应该已经知道，广泛的联盟对“孤注一掷”至关重要。要在这样的联盟中进行创新，你可以：

- **审视现有规定和流程。**每个领域都有自己的标准作业程序。你可以向它们提出尖锐的问题，在得到所有问题的答案前不要停下来。
- **组建外部顾问团队。**当你陷入困境或处于危机中，你很可能会陷入思维盲区。你可以与具有相关专业知识的朋友和前同事通话，这可以帮助你从新的角度看待问题，让你有机会提出和完善新想法。
- **制作一个支持试验的“仪表盘”。**你要找到一种清晰而准确的方法来即时评估成果，就像车上的仪表盘一样。如果你能确定哪些措施有效，哪些措施无效，那么你就可以试验和推广新想法了。

• **通过小规模对话启动新的伙伴关系。**从小的、简单的交流开始，逐步加深了解和信任，确保合作关系的稳固。

• **快速获取的数据优于没有数据，甚至优于滞后的准确数据。**如果我们在埃博拉疫情中对数据过于挑剔，那么疫情将严重得多。即使你能得到的最好的数据可能来自一个在城里骑摩托车的年轻人，也比没有数据好。

• **不要害怕失败。**如果没有可行的替代方案，你就无法颠覆原先的做法。如果不考虑一些不好的选择，你就无法找到一个可行的选项。

7
学会放弃控制权

2014 年 9 月，正当埃博拉疫情在西非肆虐之际，我在最后一刻接到邀请，参加美国总统奥巴马在白宫为印度总理纳伦德拉·莫迪举办的小型晚宴。

那顿晚餐成了我职业生涯中的另一个小火花。“重注”最终会有自己的生命，尤其是正在成形的“重注”。即使努力控制每一件可能发生的事情，“重注”也可能在意想不到的地方开始。它可能会一波三折。它可能会休眠一段时间。它最终可能不再需要你。重要的不是所有权或控制权，而是影响力。如果你想看到一个“重注”最终取得成功，你可能必须学会放手。

这顿晚宴有些不同寻常。当时正值印度教节日九夜节斋戒期间，因此莫迪只喝了一杯温水。在我们享用鳄梨沙拉和煎比目鱼时，莫迪谈到了美国政府在非洲的电力项目。虽然经历了“英加 3 号”水电站的挫折，但“非洲电力”项目还是引起了这位南亚领导人的注意。莫迪对我说：“我看到了你们在非洲做的一切。

你们也应该在印度开展类似的工作。”

点立刻连了起来。

我在印度与家人共度了许多美好时光，并在努马帕·苏达山医生的比利吉里兰加山区工作过，因此我立即被莫迪的想法吸引了。当时的印度基本上是两个世界，一个是数亿人可以随心所欲地使用高科技电器、高速互联网，并拥有充足电力的现代世界；而另一个则是没有稳定的电力，许多人几乎每天都要经历停电的世界。生活在后一个世界的人实际上被切断了现代生活所需的可靠的、可负担的电力供应，而电力对现代教育、医疗卫生和就业至关重要。

由于家庭原因，我已经决定离开政府，因此我只能不情愿地接受这个项目将由其他人推进的现实。美国国际开发署未来的工作将由我的继任者负责。

接受这件事并不容易。人类渴望拥有一切，控制欲是与生俱来的（我们在蹒跚学步时就会大喊“我的，我的”，以此来宣示自己的领地），并持续一生。但在职业生涯中，尤其对年轻的专业人士而言，控制权很难得到保证，因为许多想法并不完全来自个人，它们可能来自意外的灵感，可能是团队的产物，可能受同事或配偶的启发，甚至可能属于雇主。例如，埃博拉疫情的应对方案经历了重重挑战并最终取得了成功，但谁“拥有”它呢？

但是，莫迪的这番话为我打开了一扇大门。晚宴结束后不久，我找到了理查德·布卢姆，他是在新兴市场进行私募股权投资的先驱，也是代表加利福尼亚州的参议员黛安·范斯坦的丈夫。迪克（理查德的昵称）是我的朋友和导师。他是一位慈善家和发展专家，曾在奥巴马总统的全球发展委员会任职。迪克和我可以聊上几个小时，讨论一些倡议为何成功，以及下一个进步可能出现在哪里。他问我对什么最感兴趣，什么让我彻夜难眠。我告诉他："电。"

虽然"英加3号"项目失败了，我不得不把美国国际开发署的下一个"重注"留给其他人，但我仍然致力于解决能源贫困问题。对于生活在富裕国家的人来说，丰富而廉价的能源是理所当然的，就像干净的水和空气一样。但在印度、南亚其他地区、非洲各地和南美洲部分地区，近8亿人仍然生活在黑暗中（他们每人每年平均消耗的能源还不够点亮一盏灯），另有28亿人缺乏稳定的能源供应。因此，加利福尼亚州的青少年在放学后可以开着特斯拉电动车去上编程课，而生活在刚果民主共和国的青少年为了能在天黑后学习，可能不得不冒着触电的危险爬上电线杆接好电线。

离开美国国际开发署时，我仍想努力克服这种不公。我可以预见一种可以方便地扩大规模的解决方案，一种可以使生活在远离国家电网地区的人用上电的方法。我对能够推动这个方案的联盟也有了一些想法——这个联盟将包括拥有必要监管力量的政府，以及拥有必要资源的私营公司和投资者。

从与迪克的那次谈话开始，我用了近10年时间致力于解决能源贫困问题，直到今天仍在继续。对于像消除能源贫困这样的大问题，我们需要想方设法让更多的人觉得自己“拥有”这个“重注”，并积极投身其中。如果你想让其他人感到自己对这个使命有一定的控制权，你要做的第一件事就是主动放弃一部分控制权。与结果有利害关系的联盟范围越广泛，参与推动项目的人就越多。

更忠于自己的内心

2016 年的一天，我走在机场里，我感觉那仿佛是我当月去过的第 100 座欧洲机场。上一年，我参与创办了一家名为“乐通投资”的私募股权投资公司，该公司的种子资金来自布卢姆和大卫·邦德曼，后者是私募股权投资巨头得克萨斯州太平洋投资集团的创始人，他也是一位热心的慈善家。我永远在出差，要么拜访潜在的投资者（通常在欧洲），要么考察潜在的项目（大多在非洲）。我忘记了那天具体在哪个机场，法兰克福、苏黎世，还是伦敦——所有机场看起来都一样，到处都是奢侈品广告。

我的事业蒸蒸日上，收入比我在慈善机构或政府部门工作时高得多，于是我屈服于广告的诱惑，走进一家高档手表店，打算给希瓦姆买一份精美的礼物——我看中了一块劳力士手表。我离开政府后，希瓦姆一直担任E.L.海恩斯公立特许学校的首席执行官。她每天都在为数百名贫困家庭出身的学生的未来努力工作。不知为何，我认为一块高档手表正是她需要的。

2015 年，在离开美国国际开发署后不久，我与迪克、大卫一起创办了乐通投资公司，因为我们认为为数十亿无法获得可靠电力的人供电是一个机会，而且可以赚钱。在考虑人类发展的主要障碍时，大多数人甚至不会想到能源贫困问题。人们可以理解极端贫困的恐怖（即使他们没有经历过），并同意这是一个需要解决的重要问题。但是，人们对能源贫困（每年无法获得一定数量的电力）的认识低得惊人，尤其是与人类为此付出的高昂代价相比。

20 世纪，农业进步为许多国家带来了经济增长和社会流动，而在 21 世纪的数字经济中，电力供应则更加重要。如果想参与数字经济和利用现代技术，每人每年的最低用电量约为 1000 千瓦时——全球 81 个能源贫困国家的 35 亿人无法达到这个标准，而这是大多数美国人一个月的用电量。能源贫困国家的民众的处境非常糟糕。现代生活的许多方面都依赖电力，没有电，人们就无法获得现代教育、医疗、工作机会、舒适的生活乃至安全。

能源供应至关重要，这就是为什么我在低收入国家旅行时，经常会看到老旧的主输电线上挂满了非法的临时电线，这些电线危险地将电输送到家庭和企业。我还经常能闻到柴油发电机的刺鼻气味，这是一个昂贵的替代方案。人们不惜冒生命危险，只为得到少量的电（而且往往不稳定）。这就是为什么乐通投资是有意义的——那些不得不偷电的人是更好、更稳定的电力的潜在付费用户。

乐通投资的工作分为两部分，一部分是寻找投资者，另一部分是寻找既能赚钱，又能改善人们生活的项目。在寻找投资者方面，我们试图在全球范围内吸引大型养老金和其他资本的管理者将资金投入我们的基金，并取得了一些成果。投资者愿意为具有社会影响力的项目投资，而且希望在低收入国家获得超额回报，因为这些国家的经济增长速度比美国等富裕经济体更快。不过，由于政治、经济和其他方面的不稳定因素，这些国家往往被视为风险较高的投资对象。

事实证明，寻找合适的项目更具挑战性。

一个多世纪以来，各国为其人民提供电力的途径只有一个，那就是建设大型集中式电网，这些电网与各种大型发电厂（主要是火电厂和核电站，有时也有水电站）相连。对于较富裕且治理良好的国家来说，这非常有效，这些国家能够为偏远的社区提供电力（当时碳排放等问题还没有引起人们的重视）。但是，较贫穷国家受限于腐败、治理不善、技术不足等因素，很难实现这样的规模。

在我们创办乐通投资时，第二条途径才刚刚出现。太阳能电池板、电池存储、远程计量电费和故障排除等方面的巨大技术进步，使在公共服务不足的社区推广可再生能源系统成为可能。这些技术（尤其是电池技术）还在不断发展，这种灵活且清洁的系统有朝一日可能会结束人们对与大型发电站相连的大规模电网系统的依赖。

不幸的是，在2016年，第二种模式还不成熟，无法支持我们寻求的投资类型。在出差和撰写交易备忘录时，我们看到和评估的绝大多数项目都在走老路——建设大型火电厂为城市用户，而不是为生活在远离电网的农村或贫困社区的居民供电。即便如此，由于汇率波动、未能实现增长目标、公用事业公司欠款、政府管理不善等风险，我们的投资者期望的投资回报也很少能得到保证。

当我逐渐意识到这种方法并不是消除能源贫困的最佳途径时，我也在挣扎着思考风险投资是否真的适合我。我花了一些时间才弄清这个问题的答案。在政府部门工作多年后，我想赚钱和攒钱，为孩子们上大学做好准备。更重要的是，我是一个倾向于根据现有的奖励制度工作的人，而在金融行业，奖励就是金钱——我想比其他人赚得更多，偶尔买一些奢侈的礼物。

站在机场一家手表店的柜台前，我认为自己已经选好了适合希瓦姆的手表，但还是想和她确认。于是我给她打了电话，而不是把礼物当作一个惊喜。当我告诉希瓦姆我选中了哪款手表时，电话那头沉默了。然后她问道："你为什么要这么做？"她不理解我为什么认为她会对劳力士表感兴趣，也为我竟然会被这种身份的象征吸引而感到不安。当我挂断电话并向售货员道歉时，我担心自己的目标是否变得模糊不清。

几个月后，希瓦姆和我带着孩子们去了南非。在开普敦附近，我们乘渡轮前往罗本岛，曼德拉曾因反对种族隔离而在那里服刑 18 年。我站在一旁，看着孩子们参观曼德拉的牢房、地板垫和小窗户。我想起了曼德拉以及他访问底特律的经历，当时我只比我的孩子们大 10 岁左右，这也是我开始寻找为人类作贡献方式的原因之一。

回想起我在那个年纪的抱负，再想想我在乐通投资的工作，我知道自己必须做出改变。我意识到自己还不准备放弃当初在电视上看到曼德拉时立下的雄心壮志。我并不是为了增加我的存款而努力消除能源贫困，我的目标是改善世界各地人们的生活。幸运的是，不久之后，我接到了一个邀请我担任洛克菲勒基金会第 13 任主席的电话。这个选择并不容易，我将离开我的团队和投资者，我曾请求他们信任我。但我觉得洛克菲勒基金会的工作更适合我，也更符合希瓦姆和我很久以前就确立的价值观。而且由于洛克菲勒基金会有一个名为“智慧电力”的很有前途的致力于解决能源短缺问题的项目，因此这份工作将使我有机会实现消除能源贫困的使命。

引导他人真正扛起责任

3 年后，我看到一名女裁缝在一张木桌旁弯着腰，教附近的人缝纫。这里是距离恒河不远的偏远村庄伯尔萨，它位于印度北部比哈尔邦，靠近印度和尼泊尔的边境。在鲁比·库玛丽的简陋学校外，天色渐晚，天气闷热。太阳落山时，由政府运营的不稳定的电网突然停电，一切（机器的轰鸣声、灯光和社区生活本身）似乎都随之停止。

但是，就在这时，电力突然恢复了。在离鲁比的小学校不远的地方，一个整洁的小院子里有最先进的迷你电网，这是一个完全独立于国家电网的小型发电站。三排太阳能电池板朝向太阳，为旁边的小型建筑里的电池充电。这种结构紧凑、有围栏的创新设计既无噪声，也没有废气排放，又确保了街道繁忙，灯火通明，市场摊位照常营业，学生们在天黑后能够继续学习。

迷你电网证明了一切皆有可能，它为鲁比以及我当晚参观的一家小型医务室、一所学校和一家木匠店提供了电力。稳定的电力供应为每个地方带来了更多的机会和更大的发展潜力。鲁比之所以能够开办学校并抚养她的孩子，是因为迷你电网提供了便宜的可再生电力——她放弃了原本不稳定的裁缝工作，转而为村里的年轻人办学校，并为她的孩子们带来了更稳定的生活。

鲁比的故事和迷你电网的奇迹并不是一开始就能保证实现的。

阿什文·达亚尔是来自印度的资深发展专家，曾是洛克菲勒基金会亚洲办公室的负责人，后来接管了纽约的能源贫困项目。他领导的“智力电力”团队（后来被称为“印度智能电力”团队）一直在努力寻找为像伯尔萨这样的村庄提供电力的替代方法。在此之前，那些渴望用电来点亮房间或使用电锯的人要么购买或租用价格昂贵、噪声大、污染环境的柴油发电机，要么依靠国家主电网提供的廉价电力。

洛克菲勒基金会的团队认为，如果“智能电力”能够在价格上具有竞争力，而且在可靠性上占据优势，那么客户就会愿意接受他们的服务。但要实现这个目标，重大创新是必不可少的。阿什文等意识到，他们不可能独自突破每个制约因素或控制创新的各个方面——洛克菲勒基金会既没有时间，也没有这方面的专业知识。他们需要找到能够在这些方面取得突破的受资助者和合作伙伴。

“智能电力”团队早期与不以营利为目的，而是致力于扩大电力供应的地区组织合作，并从中学到了许多。这些开创性的合作展示了新技术的潜力，并揭示了开发能够与发电机和电网竞争的产品所需的条件。

因此，阿什文和他的团队为该项目制订了一个明确的目标——打造一个由一系列高效、低成本的组件组成的能够正常运行的迷你电网系统。他们寻找能够同时实现技术进步和商业突破的合作伙伴。他们签订小规模、独立的合同，专注于所需的特定组件，尽可能降低风险并减少失败的机会成本。洛克菲勒基金会的团队还非常敬业。一次，流体动力学博士、洛克菲勒基金会创新部门负责人齐亚·汗与一位合作伙伴一起，乘坐一艘摇摇晃晃的小船，在洪水泛滥的恒河上运送迷你电网组件。

尽管如此，创新仍然需要时间。早期的原型成本高、效率低。一个早期的模型在交付给用户之前就损失了一半以上的发电量。因为没有有效的方法来计量用电情况，所以无法准确计算电费。维护也是一个大问题，如何在远离城市的村庄里以经济的方式监控和维修太阳能电网系统是一项挑战。有的电池无法在高温环境里持续使用。因此，早期的成本极高——我们的太阳能模型每千瓦时的发电成本高达 0.75 美元，而主电网的发电成本约为 0.1 美元。

虽然面临种种挑战，但在合作伙伴的共同努力下，迷你电网项目逐渐成形。稻壳能源系统是一家由比哈尔邦人创办的小公司，总部设在科罗拉多州的柯林斯堡，该公司开发了一套内部数据管理系统，可以通过数百种方式追踪数千名客户的迷你电网使用情况。华盛顿的Spark Meter公司发明了一种电表，允许客户准确追踪用电情况，并通过手机支付电费。OMC电力公司帮助完善了它们的商业模式，使其可以为移动通信塔提供电力，这既可以带来稳定的收入，也可以使附近的村庄受益。

虽然取得了这些进步，但并非每个迷你电网都能取得成功。尤其是在早期，地理条件决定了一切——一些村庄由于需求或布局的因素而不适合安装迷你电网。因此，一些已经安装好的迷你电网不得不重新安置到其他地区，这个过程既昂贵又令人沮丧。更重要的是，一些与柴油发电机行业有关的人还极力抵制。一个迷你电网的电线甚至被人切断了。

访问伯尔萨期间，我看到了这项工作的成果如何引发了变革。村庄不再仅仅依靠传统的电网或柴油发电机来供电。事实上，迷你电网的电价很有竞争力（最终降至每千瓦时 0.25 美元左右）。它比国家电网更可靠，比柴油发电机便宜得多。电价的降低得益于组件的集中采购、更高效的电网管理系统和储能技术的进步。虽然迷你电网的电价高于国家电网，但对用户的调查显示，他们愿意为可靠性支付更多的费用，而更可靠的电力也创造了就业机会。

不仅在伯尔萨，公开市场也证明了这一点。通过证明自己有能力管理洛克菲勒基金会资助的电网（如伯尔萨的电网），OMC电力最终被日本财团三井物产收购。虽然这笔交易意味着OMC电力会把它的专业技术应用到其他项目和领域，但这笔交易也进一步证明了这种模式的有效性。此外，洛克菲勒基金会的目标并不仅仅是与OMC电力建立合作伙伴关系，而是为了最终在全球范围内消除能源贫困。OMC电力目前运营着350座发电站，另有1000座正在建设中。它为印度北部两个邦的2.5万多名客户提供服务。

有时，解决方案需要自己开发。正如我们在埃博拉疫情中看到的那样，当地领导人发现了防止致命病毒传播的新方法。需求推动了发明。在开发迷你电网的案例中，合作伙伴需要突破使前人无功而返的技术壁垒。就像在慈善事业中常见的那样，我们为他们提供资金，但成功属于他们。OMC电力证明，这种模式是可以盈利的。这只是说明如何与不同的合作伙伴共同创新的一个例子。关键是要引导他人真正扛起责任，这样他们才能把一个想法推到比你当初预想的更远的地方。

乐于分享

距离伯尔萨村将近1500千米的孟买的泰姬陵宫殿酒店是另一个世界。一个多世纪以来，这座大型建筑接待了不计其数的电影明星和皇室成员。这座奢华的酒店也是印度第一家使用电力驱动巨大风扇和豪华电梯的酒店，它从开业时起一直如此。我曾多次造访这里，其中一次是与奥巴马总统同行，还有一次是参加重要的家族活动。

2019 年，我在那里会见了塔塔集团董事长纳塔拉詹·钱德拉塞卡兰，他通常被称为“钱德拉”。拥有一个多世纪历史的塔塔集团，向印度和其他国家的数亿名客户销售各式各样的商品，包括钢铁、汽车（捷豹和路虎是该公司的两个知名品牌）、化工品等。塔塔集团下属的塔塔电力公司为印度和亚洲其他地区的数百万客户提供电力。

钱德拉和我见面时，洛克菲勒基金会的合作伙伴已经在印度各地安装了约 160 个迷你电网。这个速度令人印象深刻，但仍然不够快。数千名村民现在用上了可靠的电力，生活得到了改善，但如果想让数亿名仍然无法获得稳定、充足电力的印度人用上迷你电网，我们就必须想办法继续降低成本，同时提高服务水平和运营效率。最终，阿什文的团队制订了一个在多个邦建设 1000 个迷你电网的计划，并开始寻找能实现这个计划的合作伙伴。

阿什文和我都认为塔塔是我们需要的合作伙伴。塔塔已经与我们的智能电力团队合作，以提高迷你电网的性能。更重要的是，塔塔专注于扩大规模。在一个拥有超过 13 亿人口的国家，市场份额是实现利润的关键。塔塔对规模的追求首先是出于商业考量，但在印度，这也是为了培养推动国家发展并在未来数十年里购买塔塔产品的中产阶级。

在与塔塔公司举行了几次会议后，我们的团队开始制订一项计划——在 1 万个村庄（我们确定有 5 万个村庄适合建设迷你电网）建设 1 万个迷你电网。在谈判的过程中，我联系了钱德拉。在美国国际开发署工作时，我在访问印度期间认识了他。

那天下午，当我们在泰姬陵宫殿酒店坐下后，钱德拉立即明确表示，他不关心迷你电网的具体数量，而是相信我们的模式可以解决印度农村地区数亿人的用电问题。不过，钱德拉还是忍不住问道：“为什么不是 5 万个？”我笑着说，那将是我们合作的最终目标。

最初，塔塔集团同意建设 1 万个迷你电网，为近 2500 万人、数十万家企业和小型农场提供服务。该公司计划投资 10 亿美元来推广洛克菲勒基金会的迷你电网模式。虽然洛克菲勒基金会表示愿意投入一笔可观的资金，但塔塔集团并不需要这笔资金。他们的团队只希望能得到洛克菲勒基金会的专业知识和模式，这样他们就能迅速进入该领域，并利用这些进展来推动其他利润更大的项目。

因此，洛克菲勒基金会董事会的一些成员对这笔交易提出了质疑。作为成立合资企业的条件，我们将转让来之不易的专业技术，董事会中的一些人想知道，我们能否分享该项目的所有权和利润。对他们的观点，我表示理解和认同。在理想情况下，我们将解决印度的能源贫困问题，并利用由此带来的收入支持洛克菲勒基金会未来的投资和捐款。

但目前这还不现实。不过，我解释说，我们的目标与塔塔集团相同，那就是速度和规模。若想在印度的每个村庄产生影响并安装迷你电网，最快的方法就是与一个拥有不同目标，但同样追求规模的合作伙伴合作。依靠一家以营利为首要目标的企业使一些人感到不安，但这是实现“印度智能电力”团队目标的最明智的方法。如果想让其他人分享我们的抱负，我们就必须分享自己的知识和专长。

与大型企业集团合作，可能会让那些为人类福祉工作的人感到不自在。他们倾向于将一些公司视为问题的一部分。但是，如果你的目标是帮助尽可能多的人，那么你就需要说服其他人加入。为了实现这个目标，你可能需要走出自己的舒适区，放弃一部分所有权和控制权，这样才有可能实现重大变革。你需要学会与各种合作伙伴分享，尤其是那些影响力最大的合作伙伴。

一起学习、适应和成长

2021 年 10 月，我在苏格兰格拉斯哥租住的房间里用苹果手机紧张地打电话，那是第 26 届联合国气候变化大会（联合国定期召开的一系列重要气候峰会中的一次）开幕前一天晚上。次日，我将向世界各国领导人、科学家、金融家和社会活动家发表演讲，阐述洛克菲勒基金会如何超越印度及迷你电网的既有范畴，将能源扶贫工作推向更大版图的宏大计划。不过此时我并没有在练习演讲，而是在昏暗的公寓里说服一位合作伙伴帮助我加大这个“重注”。

在洛克菲勒基金会与塔塔集团合作的两年里，发生了许多变化。新冠疫情使世界陷入停滞，造成 500 多万人死亡，并迫使各国实施大规模隔离措施，直到疫苗问世。富裕国家投入数万亿美元加强其社会安全保障体系，而低收入国家并没有资源采取类似的措施。结果，数千万人陷入贫困、饥饿，无法接种疫苗，支付不起电费。仅在疫情暴发第一年，就有近9000万人失去了电力供应。

在洛克菲勒基金会，我们看到太多的社区陷入困境，在一些地区，我们的受资助者和项目取得的进展被一扫而空。我们认为现在是采取大胆行动的时刻。我们的董事会投票决定将我们的年度支出增加两倍，3年内将投入10亿美元，其中一部分资金通过7亿美元的商业债券筹集。这是洛克菲勒基金会在其108年历史上第一次利用资本市场来筹集慈善资金。

当我们考虑如何更好地用这笔资金帮助人类渡过难关时，我们需要做的只是看看伯尔萨，看看消除能源贫困如何为世界创造机会。这迫使我们必须在能源贫困问题上“孤注一掷”，而且技术、价格和地缘政治都已经为变革做好了准备。开展这样一项计划所需的资金远远超过我们现有的5亿美元，但我们认为，我们可以与其他合作伙伴一起重新构想如何为数十亿人提供能源。

不幸的是，我们很快发现，没有人将消除能源贫困视为首要任务，尤其是在疫情期间和气候危机日益严峻的情况下。阿什文曾在美国国际开发署工作近10年，在洛克菲勒基金会工作了差不多时间的桑达·布里奇特·琼斯联系世界各地的潜在合作伙伴。但在疫情期间，没有人愿意投入数亿美元来消除能源贫困。

随后，我们见到了宜家基金会的首席执行官佩尔·海格内斯。佩尔一直致力于帮助世界上最弱势的群体——移民和难民，他们比其他群体更容易受极端气候变化的影响。在与佩尔和其他潜在合作伙伴的交谈中，我们很快发现他们对合作持开放态度，但希望我们更加关注气候变化。如果我们能证明迷你电网可以在全球范围内消除能源贫困并显著减少碳排放，那么宜家基金会和其他机构将有兴趣加入我们。

阿什文、桑达和团队中的其他许多人都认为这是可行的，毕竟，我们计划部署的系统几乎是零排放的。但我们必须做更多的功课。我们组建了一个团队，专门研究我们的项目对气候的影响。我们需要设计可靠的评估方法，以确定我们的项目减少的碳排放将带来怎样的影响。在此之前，我们只评估人们获得能源的情况；而现在，我们试图评估消除未来碳排放的好处。我们发现，如果 81 个能源匮乏的国家通过传统的重碳工业模式消除能源贫困，那么到 2050 年，这些国家的碳排放量将占全球总排放量的 70%。即使富裕国家大幅减少碳排放，也几乎不可能阻止气候变化。

但是，为了避免未来出现这种情况，同时还能让人们用上电，我们需要的不仅仅是迷你电网。幸运的是，一系列可再生能源技术正在迅速成熟，并推动较富裕国家实现了绿色能源转型。“城镇电网”可以为整座城镇提供电力，新型水力发电技术可以在保护环境资源的同时，用未被充分利用的河流来发电，而在国家电网中安装大型能源存储装置可以有效地存储来自可再生能源的电力。有了这些技术突破，正确的联盟越来越有可能帮助整个经济体摆脱对化石燃料的依赖。

在做完我们的功课之后，团队一致认为，我们必须做出调整。我们将原本的项目名称（“全球智能电力”）改为“为了人类与地球的全球能源联盟”。我们将目标重新定义为使人们用上电、创造就业机会和减少碳排放，并相应地修改了评估标准。

不久之后，宜家基金会同意捐助5亿美元，用来实现洛克菲勒基金会的承诺。最终，我们结成了真正的联盟。宜家基金会和洛克菲勒基金会确定了一个共同目标，这个目标不是消除能源贫困，而是推动全球能源转型。就这样，一项旨在消除能源贫困的全球运动诞生了，并与加快从化石燃料向可再生能源转型、应对气候变化的更广泛的努力结合在一起。如果能源转型按照我们预期的方式进行，那么它就能同时减少能源贫困和碳排放。

宜家基金会加入后，我给贝索斯地球基金的总裁兼首席执行官安德鲁·斯蒂尔打了电话，贝索斯地球基金是亚马逊创始人杰夫·贝索斯和劳伦·桑切斯为解决气候变化问题而设立的慈善基金。我们接受了全面解决能源转型的使命，这使我们与贝索斯地球基金的目标一致。不过，安德鲁、杰夫和劳伦还是提出了许多问题，而阿什文和我们团队的其他成员出色地回答了所有问题，直到我们启程前往格拉斯哥参加气候大会。

第26届联合国气候变化大会期间，当我在格拉斯哥的公寓打电话时，我最后一次追问贝索斯是否会加入联盟。他的回答让我松了一口气，他说他们决定加入。得到了贝索斯的承诺后，我在演讲时宣布了100亿美元的承诺，其中包括几家国际开发银行的捐款。正如我在演讲中所说，这项承诺旨在“改变能源，造福全人类”。

建立这个全球联盟需要我们灵活地调整目标、战略和潜在合作伙伴。当我们努力建立能够实现应对人类最大挑战所需的重大变革的联盟时，这种灵活性至关重要。这并不容易——我们需要更深入的研究，改变我们的模式，甚至改变联盟的名称和使命。

如果拘泥于最初的想法，你就很难与他人一起学习、适应和成长。在我们的案例中，与宜家和贝索斯的合作帮助我们组建了一个全球联盟，在这个联盟中，各方共享控制权。这使我们的项目更切合实际，影响力也更大。在你的“重注”中，有时你需要升级你的任务，以找到合作伙伴和资源来实现你的目标。

放 手

如果你成功地构思并发起了一项“重注”，你就不得不在某些时候放手，甚至与优秀的团队成员道别。消除能源贫困远比我的成就感重要。

在你职业生涯的每个阶段，在一次次的会议中，你自然会有一种想让别人看到你能掌控自己的想法、解决方案和项目的冲动。但是，如果想取得成功，你就需要放弃并分享所有权。“孤注一掷”的目的是为人类提供更多的解决方案，而实现这个目标的唯一途径往往是获取更多的外部帮助，让更多的人拥有你发起的项目的所有权。在全球能源联盟的案例中，“重注”不再属于洛克菲勒基金会或我个人。

2022 年 10 月，我突然收到一封邮件。阿什文写信与我告别。邮件宣布，30 名洛克菲勒基金会的成员即将离开该基金会，全职为全球能源联盟工作。

看着离职的团队成员的名单，我为我们的成就感到骄傲，也为失去他们感到遗憾。他们是洛克菲勒基金会最耀眼的明星，是技术和农村发展领域的专家，其中一位已经在这里工作了 14 年。桑达在洛克菲勒基金会工作了 10 年。但是，领导者总是需要看着人才继续前进。毕竟，这是成功的一个痛苦标志——给有足够的技能、动力和能力的人更大的发展空间。

这不仅仅是人的问题。我们也在放弃控制权，这绝非易事。

洛克菲勒基金会在其漫长的历史上，在创建独立组织方面有着良好的记录，这些组织后来以多种方式为人类服务。我们孵化了国际联盟的卫生组织，也就是世界卫生组织的前身。我们发起了国际农业研究磋商组织，该组织后来成为推动绿色革命的一个重要的独立机构。秉承这一传统，我们认为全球能源联盟可以独立为一个自主的机构。

现在，这种类型的剥离在私营部门经常发生。例如，计算机巨头惠普公司开发了一种受到高度好评的测试和测量半导体的模式，然后将其分拆为一家独立的公司——安捷伦科技。当一个项目取得巨大成功时，有时让它以独立实体的形式发挥最大潜力是非常有意义的。我们对全球能源联盟采取了同样的做法。不同的是，在私营部门，创意、投资和人才的流失可以用经济收益来补偿。

但在慈善事业中，感觉可能有所不同。我们起初在印度开展小型项目，然后在此基础上与塔塔集团合作。随后，我们建立了一个全球联盟，聘请了一位经验丰富的高管来领导它，并成立了一个全球领导委员会来提供建议，还成立了一个董事会来管理它。现在，整个联盟被剥离出去。这是一个令人自豪的时刻，同时也伴随着一丝失落感。成功带来了后果。这场“重注”的未来将不再取决于我或洛克菲勒基金会。不过，我们获得的补偿是世界的进步。全球能源联盟正在全球 81 个能源匮乏国家中的十几个开展工作，并即将进入更多国家。在南非，我们正在帮助关停该国最大的煤电厂。在刚果民主共和国的 25 座城市，合作伙伴正计划大规模铺设城镇电网，以覆盖数百万人口和数万家企业。该联盟正在帮助尼日利亚建设 1 万个迷你电网，为数百万人提供电力，并与塔塔电力合作扩大其在印度的产能。我们正在新兴国家的电网中应用大规模储能解决方案，马拉维共和国是第一个实践这项创新的国家。

在影响力方面，我们为这个联盟下的“重注”显然是成功的，而且它还在不断发展壮大。

从与莫迪在白宫共进晚餐到乐通投资，从印度智能电力到全球能源联盟，我在探索消除能源贫困的过程中经历了多个阶段。在每个阶段，我都看到了放手的好处和代价。洛克菲勒基金会的团队必须放弃部分控制权，这样才能进行创新和扩大规模，尤其是在与塔塔集团的合作中。在建立全球能源联盟的过程中，放手更加重要。洛克菲勒是成立该联盟的3家慈善机构之一，随着联盟的不断发展，我们很快成为19个合作伙伴之一。

合作的一个弊端是会失去控制权，这对于重视业绩和问责制的领导者来说绝非易事。大多数有远大抱负的人都有一种倾向，那就是坚持到底，甚至不惜孤军奋战。对于这个联盟，我还有许多不错的想法——阿什文和其他许多人也是如此。我们在早期主导了这个任务，但现在已经有了更多的声音。这些声音使我们变得更加强大。我们将接触并改善更多人的生活，并将改变多个大洲的许多国家的电力生产和输送方式。理想情况下，这将造福未来几代人。

如何放弃控制权

放弃控制权非常困难，尤其是在职业生涯初期。开发新项目和“孤注一掷”需要你的想法、关系和人脉，以及你的时间和精力。因此，你希望控制这些资源的使用，希望将成功归于自身。

但是，“孤注一掷”不仅需要吸引新的合作伙伴，还需要让他们对赌注本身有一定的控制感。只有这样，他们才会为成功全力以赴。

如果你是控制欲很强的人，下面的一些建议会让你更容易放弃控制权：

- **记住你的使命**。你需要不断提醒自己，你工作的动力是什么，并把“重注”当作决策的核心。当你把使命放在首位时，虽然放弃控制权仍然让人感到苦涩，但随着你的“重注”获得成功，你会更容易接受这一点。

- **确定一个目标，并找到其他人进行创新**。你不可能控制每一次突破，因此要给其他人机会和动力去寻找新的方法。

- **提供你的知识和专长，即使是给那些意在从中获利的人**。如果你的目标是快速扩大规模，你需要与任何能够实现这个目标的人合作。

- **主动适应以吸引合作伙伴**。如果你的目标是扩大规模，你需要心甘情愿地调整你的目标，以吸引其他人加入。

- **放手**。如果你成功了，你的联盟可能会自主发展，甚至可能带走你最优秀的团队成员。你要愿意说“再见”，并尽你所能帮助他们成功。

8
转　型

当新冠疫情改变了所有人的生活时，我像其他美国人一样被困在家中，与希瓦姆和孩子们争夺有限的工作空间和超负荷的无线网络。希瓦姆在楼上开视频会议，我借用了她的家庭办公室，孩子们则分散在家里的各个角落。虽然我曾在最先进的指挥中心和白宫战情室应对海地地震和西非埃博拉疫情，但现在，我不得不在客厅里踩着教科书，艰难地调整一个拥有上百年历史的基金会的方向。

在巨大压力和充满不确定性的环境里，美国人需要重新学习如何适应持续学习的生活方式和工作方式，而这对他们来说是许久没有面临过的。当新闻和社交媒体播出遗体被装上冷藏车的画面、在中央公园搭建医疗应急帐篷的视频，以及夜晚频繁响起的警报声时，每个人都在努力重新思考：如何与家人和同事保持联系，如何在保持社交距离的情况下在公共场合活动，又该如何调整自己的日常生活。

一些“重注”是出于迫切需要而做出的，在这些情况下，人们必须做些什么。但是，当突发事件袭来时，每个人都会陷入极端的不稳定和混乱中，能做出的选择非常有限，要么继续坚持下去，要么冒险转向一种前途未卜的新解决方案。

这就是我在2020年3月的处境。作为一个在公共卫生领域拥有悠久历史的基金会的负责人，一个拥有3个孩子（他们无法到学校上课，只能在网上学习）的父亲，一个因为被困在家中而焦虑不安的美国人，我目睹了新冠疫情和隔离对个人、社区和经济造成的巨大破坏。我用笔记本电脑工作，打了一通又一通电话，开了一次又一次视频会议，与在抗击埃博拉疫情期间认识的朋友、努力挽救项目的洛克菲勒基金会同事和混乱的联邦官僚机构中的美国政府官员讨论问题。而问题总是一样的——我们怎样才能摆脱困境？

为了找到答案，洛克菲勒基金会不得不做出艰难的转型。

由于居家隔离使最弱势群体的生活变得更加艰难，洛克菲勒基金会迅速调整了原先的项目，以帮助应对这场危机，而它很快成为美国历史上最不公平的危机之一。一个主要面向海外的食品项目不得不转向为全国各地依赖学校午餐的美国儿童提供食物。我们的就业项目转为帮助少数族裔的企业，从历史上看，这些企业严重缺乏抵御危机的能力。很快，我们开始推动修改联邦和各州的税法，以使工薪家庭和贫困儿童受益。

我们还押上了洛克菲勒基金会历史上最大的赌注之一——推动在美国进行一场大规模的、可负担的新冠病毒检测。方便的快速检测可以为机构和个人提供数据，从而保障人们的安全，并解决居家隔离的难题。为了在美国建立一个新冠病毒检测市场，我们必须恢复团队的活力，加强我们的专业知识，重新利用我们的网络，并重新评估我们的风险承受能力，同时还要谨慎应对政治方面的挑战，保持独立的思考和判断，避免陷入群体思维。

幸运的是，像发生新冠疫情这样的时刻并不常见。但当它来临时，面对已经改变了的现状，大多数个人和机构还是按照他们原先的方式行事。而在面对重大变化时，你必须做出艰难的抉择，打破惯例，全力投入“重注”。

迅速改变

2020 年 2 月中旬的一个星期天（几个星期后，新冠疫情将席卷美国），我懒洋洋地躺在客厅的灰色沙发上，读着黄黑色封面的《打碟入门》。我一直在出差，参加了在瑞士达沃斯举行的世界经济论坛（那是一个全球商界和政府领袖的聚会）和其他活动。达沃斯给人一种怪异的感觉，因为新冠疫情已经传播到了会议的门口——意大利阿尔卑斯山刚刚暴发了疫情。我很高兴能回到家，培养我的新爱好，希望能在希瓦姆和我的结婚周年纪念派对上播放音乐。

希瓦姆打断了我的思路——她经常这么做。有过积极抗击埃博拉疫情的经历后，新冠疫情让我觉得有些失落，在政府人员应对威胁（当时还只被认为是发生在国外的威胁）时，我成了局外人。当希瓦姆走进客厅，发现我沉浸在自己的思绪中时，她把我拉回了现实。她问道："现在不是暴发了全球性大流行病吗？你应该把注意力放在那上面，而不是《打碟入门》上吧？"

虽然现在难以想象，但在新冠疫情袭击纽约和其他美国城市前的那几个星期，我并不是唯一不太在乎美国处境的人。2019年10月，全球健康安全指数将美国评为世界上最有能力应对突发大流行病的国家。虽然我对疾病控制与预防中心应对埃博拉疫情的方式感到沮丧，但我尊重该中心工作人员的聪明才智和处理数据的能力。出于这个原因和其他原因，我相信美国的公共卫生系统和美国政府能够抵御新冠疫情。我最担心的是较贫穷国家，在我的职业生涯中，我目睹了疫情对缺乏足够资源的脆弱国家的严重影响。

不幸的是，太多美国人，尤其是最贫穷和最弱势的美国人（他们或者无法随时获得医疗服务，或者患有心脏病、肺病、肥胖症和糖尿病等疾病），很容易被新冠病毒感染。特朗普总统也被证明特别不适合应对这一挑战。他无法对负面消息做出有效回应，甚至很难提供准确信息。包括疾病控制与预防中心在内的联邦政府其他部门也犯了错误，而糟糕的沟通进一步助长了这些错误，并使政府最终失去了公众的信任。

在我看来，这就像可怕的埃博拉疫情卷土重来，只不过这次发生在美国。大规模死亡和政府的应对失当令我感到震惊。作为一个曾参与建立美国公共卫生体系的机构的领导者，我对病例不断增加，以及个人防护装备和呼吸机不足的报告感到不安。即使在早期，我们显然也需要了解这场危机会如何破坏洛克菲勒基金会在解决饥饿和实现经济正义方面的承诺。

到那时，我已经收起了《打碟入门》，取消了结婚周年派对。我还关闭了洛克菲勒基金会在意大利的机构、在纽约的总部和在华盛顿的办公室，后来又关闭了在肯尼亚和泰国的办公室，要求所有员工远程办公。为了更好地帮助美国和世界其他国家应对危机，我们的团队也开始了艰难的转型。参与应对疫情是一种选择，并不是每个人或每个机构都会做出这样的选择。我们之所以这样做，是因为从某种程度上说，这是洛克菲勒基金会的重要时刻——该机构成立的初衷之一便是将更严格的标准和科学方法引入美国的公共卫生领域。

当时，我对我们可以提供的帮助有了初步的想法，但转型，尤其是快速转型，并不容易。慈善机构的运作方式不适合快速转型，因为我们的捐款有时在数年前就已经安排好了，因此即使是一个相对富裕的基金会，也没有太多可以自由支配的资金。

在临时的家庭办公室里，通过手机通话和视频会议，我和洛克菲勒基金会办公室主任伊丽莎白·伊与团队其他成员一起，争分夺秒地改变了我们几乎所有的优先事项。我们审视了正在做的每一件事，看看有哪些捐款或合作项目可以被重新利用。我们对现有资金进行了重新分配，从而有了一些可用的资金。我们开始每个星期与董事会沟通一次，并定期提交书面报告，让他们了解我们的进展，征求他们的意见，并请他们确认重要决策。

这一切都是为了我们的下一个“重注”。

找出具有重大影响的行动

4月2日，我在《华尔街日报》上发表了一篇专栏文章，标题非常直白——《检测是我们的出路》。这篇文章的合著者是诺贝尔经济学奖得主、世界银行前首席经济学家保罗·罗默。保罗拥有非凡的头脑，能从数据中看到全局。但对他来说，这项挑战不仅是一项智力活动，也是一项个人挑战——他的女儿是一名医生，正在抗击新冠疫情。

如果没有最初的转型决定，就不会有这篇专栏文章。

我从一开始就认为，洛克菲勒基金会有责任设法解决当前的根本问题，而不仅仅是忙于应对空荡荡的货架或个人防护装备不足等表面问题。在紧张和混乱的时刻，我们应该问：最重要的事情是什么？抗击埃博拉疫情的经历使我意识到，我们有必要对长期存在的假设和做法进行质疑。但有一条被证明是正确的，那就是在疫情暴发时，最重要的是发现感染者并找出其所在位置。在疫苗问世之前，检测是使人们获得一定的掌控力的唯一方法。

不幸的是，在疫情暴发后的几个星期，美国的检测能力有限。特朗普似乎对检测不感兴趣，政府其他部门起初也没有提供更多帮助。当时没有人知道原因，后来人们才发现，这是因为疾病控制与预防中心在制定检测方案时出现了重大失误，包括使用了有缺陷的试剂，并且在重新启动检测时也遇到了困难。由于没有更快、更便捷的检测手段，从总统到普通人，没有一个美国人掌握详细的数据，不知道病毒具体在哪里传播，也无法确定最佳的防控措施。因此，人们只能采用一种简单粗暴的做法——封控和紧急隔离，而且没有明确的解除封控的方案。

由于我们认为检测不足是当时最重要的问题，因此我们决定动用洛克菲勒基金会的全部资源来解决这个问题。大多数慈善机构不会尝试推动美国联邦政府采取行动或主动填补政府留下的空白。这两项工作都要求洛克菲勒基金会变得更加务实，能够快速做出决策，并努力产生即时影响。这也意味着我们需要为我们的团队和顾问提供技术知识和资源，并制定标准化的规则和流程以提高他们的工作效率。

幸运的是，几个月前，我在飞机上遇到了乔纳森·奎克，我曾与他合作多年，包括在埃博拉疫情期间。乔诺（乔纳森的昵称）是一名医生，毕业于哈佛大学，曾领导一个帮助较贫穷国家建立卫生系统的组织。他还出版过《流行病的终结》一书。

随着危机的全面爆发，我打电话给乔诺，邀请他加入洛克菲勒基金会。这是向我的团队和全世界发出的众多信号之一，表明我们正在进行一场艰难的转型，将更加积极地投入抗击新冠疫情的斗争中。要想使一个拥有上百年历史的机构变得更有创新性和行动力，我们需要首先从人员入手。现有的团队被要求用新的方式做新的事情。我们聘请了像乔诺这样的新成员以迅速提高我们的能力。

我再次拿起手机，拨通了老朋友里克·克劳斯纳的电话。里克曾与我在全球疫苗免疫联盟项目中密切合作，并在抗击埃博拉疫情期间提供过重要建议，此时再次成为我的外部合作伙伴。他帮助我们组建了一个全明星顾问团队。我们的电话会议很快就加入了几位专家，包括马拉·阿斯皮诺尔和迈克·佩利尼，前者是一位资深的前制药公司高管，曾在凤凰城工作，拥有丰富的生产经验，后者是一位医生、风险投资家和癌症专家。马克·麦克莱伦也加入了我们，他曾是美国食品药品监督管理局局长，也是杜克大学马格里斯健康政策中心首任主任。

保罗很快也加入了这些讨论。保罗计算了如果重要机构和关键部门一直关闭，美国经济将遭受的冲击。他估算每月的经济损失约为3500亿美元，这对美国经济和美国民众来说都是无法承受的。我们决定发表一篇专栏文章，向公众说明，避免损失的唯一方法是提高检测能力，以便首先对重要的工作人员进行筛查，然后逐步扩大范围，从而帮助美国找到一条相对安全的解除封控的方法。

在危机中，最重要的第一步是找出问题的根本原因和可以采取的最重要的应对措施。一旦确定了这些，你就需要评估你的团队是否有能力在高风险的情况下进行艰难的转型。关键不在于你是否需要做出改变，而在于你能以多快的速度做出改变。

为此，你需要立即找到合适的人。在这种情况下，我们通过现有员工、新员工和外部专家，迅速组建了一个团队，并开始将我们的想法付诸实践。

广泛的参与者

发表这篇专栏文章后，我开始频繁地参加视频会议，这些视频会议看起来就像《脱线家族》的片头，只不过每个方块里都有一位美国公共卫生领域的顶尖人物。这篇专栏文章就像一个信号，在黑夜中发出了呼唤，吸引了那些认为可能有更好的解决方案的人。看着屏幕上的面孔，我知道我们走在正确的道路上，并且有一些最聪明的人正在帮助我们寻找前进的方向，这些人包括各州和社区的工作者、最优秀的研究人员，以及制造业和商业管理方面的专家。

我们当然不是唯一讨论这些问题的人，当时几乎每个人都在关注疫情。但洛克菲勒基金会能做的不仅仅是讨论和发表专栏文章。数十年来，洛克菲勒基金会一直致力于围绕特定问题，组织小型、独立、目的明确的会议。我们认为，我们或许能够召集足够多的人，一起制订一项全国性的计划，以实现大规模检测，从而控制疫情，结束封控。

遗憾的是，当时唯一可用的检测方法是昂贵的、由实验室进行的聚合酶链式反应检测。这种方法虽然非常准确，但平均需要 3 天才能得到结果，有时甚至需要 7 天。在美国，每百万人只接受了 23 次检测，而在美国的两个盟国——英国和韩国，每百万人分别接受了 347 次和 3692 次检测。

幸运的是，由艾琳·奥康纳领导的洛克菲勒基金会公关和政策团队知道如何找到美国这一领域的所有专家。艾琳做过律师，曾在美国国务院工作，但她本质上是一名记者（“冷战”结束时，她是美国有线电视新闻网驻莫斯科记者），知道如何找到合适的人。她找到了几乎所有没有主动联系我们的专家，并邀请他们参加我们的讨论。

结果，视频会议的规模越来越大。这些视频会议是关于新冠疫情以及如何实施检测的研讨会。当然，就像情景喜剧《脱线家族》一样，参加视频会议的人并不总是意见一致。一些人关注测试过程的细节，以更加准确地预测检测的需求，但他们的一些建议过于理想化，在现实中不可行。另一些人只能看到全局或只关注细枝末节。一些人已经争论了多年，而另一些人则对新冠疫情的复杂性和不确定性以及如何应对它有不同的看法。一次，我不得不请一位备受尊敬的专家退出讨论。他的观点虽然有道理，但并不是唯一的选择，而他无法接受这一点。

最大的争议在于，我们应该选择聚合酶链式反应检测、抗原检测，还是这些检测的组合。一些人强烈建议只进行聚合酶链式反应检测，因为准确性非常重要。但参加讨论的大多数人认为，抗原检测更便宜、更简单、更快速，因此正是我们需要的更好的检测方式。最后，我们的报告并没有明确哪种检测方法更好，但就我们建议的规模而言，抗原检测是唯一可行的方法。

在4月21日发布的报告中，我们呼吁将检测数量增加两倍，从每星期不到100万次增加到7月的300万次，再到10月的3000万次——当时许多人认为这个目标是不可能实现的。与其他报告不同的是，我们提出了实现这个目标的详细步骤。该计划很快被称为“1-3-30 计划”。里克、我和其他一些人帮助简化了专家们提出的一系列建议。我们仍然称这些建议为共识，但这份报告其实只是粗略的共识，因为几乎每位参加视频会议的成员都对计划的某些部分（无论是“1”“3”，还是“30”）持反对意见。

不过，计划还是取得了突破。第二天，我们与托尼·福奇举行了视频会议。2014 年抗击埃博拉疫情期间，托尼和我经常在白宫战情室交流。当新冠疫情暴发时，许多美国人从托尼身上看到了我当时欣赏的那种沉着冷静的气质。托尼已经读过洛克菲勒基金会的报告，这份报告呼吁加强检测能力，他对此非常激动。他说：“这对我来说是一个绝佳的消息。”他的回答清楚地表明，当时政府并不具备解决检测问题的能力。

在危机时刻，你需要大量参与者来为你指明方向。为了充分利用他们的意见，你不能害怕冲突或对抗。新的专业知识是值得这番努力的。你的目标是找到能够迅速进行沟通并相互学习的人，这些人可以在优先事项上达成初步共识，并建立系统以充分利用这些共识和资源。你可以在这个基础上继续推进你的工作。

以快速、包容、坦诚的方式参与

联盟不可能在一夜之间建立起来。将一群联系人转化为一个联盟的关键在于共同的目标和对彼此的承诺，这种承诺最终会产生信任。

4 月初的一天（距离疫情全面暴发只过了一个月的时间），我与底特律市市长迈克·杜根通了电话。我在汽车城附近长大，一直与原来的社区保持着联系。无论是在盖茨基金会、美国国际开发署，还是在洛克菲勒基金会，一有机会，我就会回到密歇根州，以加深联系，支持家乡的振兴。一次，我遇到了 2013 年当选市长的迈克，并一直保持着联系。与他交谈使我有机会了解像底特律这样的社区面临的挑战。

2020 年春，迈克担心病毒不仅对个人健康构成威胁，还危及社区。当时，他尤其担心当地的安全，因为包括助理总警监在内的 556 名警察被隔离了。底特律人当然知道，在紧急情况下没有警力可能会给社区带来灭顶之灾。市长正在寻找一种安全、可持续的方式使警察能够重新执勤。

迈克并不是那段时间我们唯一联系过的地方官员。几十年来，洛克菲勒基金会帮助世界各地的城市和社区聘请了所谓的“韧性发展官员”，以改善健康、环境和基础设施状况。疫情开始时，市长们往往会求助于这些专家来应对危机。

我还请美国国际开发署的前高级顾问安德鲁·斯威特放下手头工作，加入我们刚起步的新冠项目。安德鲁是人际关系的高手，能与任何人建立深厚的关系，然后再撮合他们与其他人建立联系。在洛克菲勒基金会，安德鲁负责处理所有收到的请求，并开始主动联系其他人。几个星期之内，我们就与越来越多的民主党和共和党的市长、州长，以及其他官员进行了交谈。

最终，安德鲁不仅把这些官员与洛克菲勒基金会联系在一起，还把他们彼此联系起来，通过视频会议将所有人聚集在一起，成立了所谓的“检测解决方案小组”。虽然这些视频会议都是临时召集的，但它们标志着一个广泛的联盟的开端，这个联盟致力于寻找真正的解决方案，以推动国家解除封控。管理这些会议并非易事，因为这是一个大型的、多元的论坛，我们必须让人们参与其中并使他们保持兴趣。但在安德鲁及其团队的努力下，视频会议使上百名官员可以分享应对危机和帮助民众的实用的、有效的策略，包括哪些做法可行，哪些做法没有用处。

我们最终意识到，联邦政府需要以某种方式加入这个联盟。由于特朗普总统公开表示反对大规模检测，因为他不希望确诊病例数量增加，因此我们与美国政府官员的对话并不顺利。我们遇到了很大的阻力，一些人拒绝接受事实。

幸运的是，福奇为我们联系上了布雷特·吉罗尔上将，他是一位严肃认真的儿科医生，当时担任美国卫生与公众服务部助理部长，负责领导应对工作。在美国政府努力重新掌握检测主动权的情况下，我们很高兴能与布雷特取得联系，他最终宣布美国卫生与公众服务部将从雅培实验室购买 1.5 亿份抗原检测试剂。

这并不意味着我们总是认同美国政府的。随着检测报告公布，我们收到了许多媒体的采访邀约，它们试图了解为什么检测对结束封控至关重要，以及为什么检测工作进展缓慢。我们坦言，美国政府做得不够。我们还公开主张联邦政府应购买更多的检测用品，甚至建议使用包括《国防生产法案》在内的特殊战时权力来确保检测试剂的供应，并强烈呼吁政府和保险公司支付检测费用。

我还发表了另一篇专栏文章，在文章中，我和我的合著者认为，美国疾病控制与预防中心通过更改检测指南进一步破坏了抗原检测。《纽约时报》文章的标题甚至比我的更加直白，那篇文章的标题是《事已至此，忘掉疾控中心吧》。我在发表那篇文章后的第二天，我被安排与布雷特一起开一次视频会议。会议前一天晚上，我失眠了一夜，一直在想他可能会说什么。我写那篇文章是为了推动我们的检测工作，但我担心文章标题可能会引起对检测工作至关重要的人的反感。在会议上，我提到了那篇文章，不过布雷特的回答令我震惊。他说他基本同意我们的看法。

这种融洽的关系不是在一夜之间形成的。将一群联系人转变成一个联盟的关键在于共同的目标和承诺，而这些正是信任的基础。在一次次的视频会议中，安德鲁和洛克菲勒基金会团队的其他成员通过分享经验来建立这种信任。我们还鼓励一种被称为“极端坦率”的交流方式，并用这种方式与联邦政府和其他人对话。

如果想应对危机并扭转局势，你必须从零开始建立一个广泛的联盟。你需要以快速、包容和坦诚的方式与人们接触和交流，即使有时气氛变得剑拔弩张。通常情况下，这可能意味着向掌权者传达一些令人不快的真相。

提前建立应对风险的流程

9月9日，我从家开车前往马里兰州的斯帕克斯（就在巴尔的摩郊外），参观碧迪医疗器械有限公司旗下的一家制药厂。在美国庞大的医疗卫生行业中，这只是一家小型工厂，但我去那里是为了宣布一个大消息。该公司刚刚获得联邦政府批准，可以进行15分钟出结果的新冠病毒检测。在一堵堆满检测试剂盒（检测试剂盒底部有一条醒目的橙色条纹）的墙壁前，我和马里兰州州长拉里·霍根一起宣布，马里兰州将购买价值750万美元的检测试剂盒，以保护医疗工作者和其他重要雇员。

与近100千米的车程相比，宣布这个消息的旅程要漫长、危险和艰辛得多。

即使在“1-3-30计划”登上全国头条新闻之后，医疗行业仍然对是否扩大产能以达到所需规模感到犹豫。在需求没有得到保证的情况下，企业不会投资和扩大产能，全球疫苗免疫联盟的工作已经告诉了我们这一点。他们希望看到更大、更稳定的订单，然后才能开始大规模生产，而这只有在美国疾病控制与预防中心发布检测指南，各机构开始要求进行筛查，保险公司同意报销的情况下才能实现。对于企业高管来说，这些都是他们需要投资的信号。

我们采取了一系列措施（其中一些措施存在风险），试图推动市场实现这个目标。

马拉和我们团队的其他成员已经成为从试剂到检测设计等领

域的专家，他们花了几个星期的时间来追踪和询问企业高管，以确定哪些事情是可行的。这意味着他们甚至比企业更了解试剂、供应链和检测设计。由于美国疾病控制与预防中心尚未发布正式的检测指南，因此很难想象保险公司会报销检测费用。我们还请美国食品药品监督管理局前局长马克和他在杜克大学的团队填补联邦政府留下的空白，制定了与美国疾病控制与预防中心通常发布的指南类似的检测指南。

我们还听取了全国各地官员的意见，包括霍根、伊利诺伊州州长J.B.普利兹克和阿肯色州州长阿萨·哈钦森。时任美国州长协会主席的霍根表示有兴趣联合各州共同采购检测用品。现有的检测用品虽然价格昂贵，但数量相对较少，因此各州都在竞争。虽然美国政府采购了一些检测用品，但这些采购的规模和数量还不足以激活市场。霍根和我们的团队认为，如果有足够多的州共同购买足够多的检测用品，那就可以创造一个具有可持续性的市场。

从这些讨论出发，我们迅速组成了一个充满活力的临时联盟，即州和地区检测联盟。这个联盟最初有6个成员，后来发展到10个，最后美国的所有州和地区都加入了我们的联盟。这个联盟的作用在于，可以将单独的购买力集中起来。如果马里兰州需要订购25万份检测试剂盒，加利福尼亚州需要100万份，纽约州需要75万份，那么这些订单都很小。但州和地区检测联盟可以向制造商发出更强、更有力的采购信号——最终，该联盟订购了600万份检测试剂盒。

当这还不够的时候，我几乎感到走投无路了。迈克·佩利尼（他从一开始就是我们团队的一员）曾创办过一家诊断公司，并最终将其出售，他与该公司现任高管保持着密切联系。一天，他给我打电话，解释说即使有州和地区检测联盟的订单，这些公司还是希望得到更大的承诺。他问我，洛克菲勒基金会是否愿意保证至少 1 亿美元的订单。

洛克菲勒基金会在提供建议和赠款方面已经变得更加务实和高效，这种变化在几个月前还是难以想象的。但我们实际上还没有真正投入战斗。不过，我们现在已经准备好承担更大的风险。我们在几个月前已经与董事会讨论了基金会的转型，并调整了法律、财务和会计部门的运作方式。

当然，并非我们做的每件事都是正确的。在那段不确定的时期，我们采取了一些被证明无效的措施。例如，我们曾研究使用所谓的“批量检测”，即把样本混合，以检测是否有人呈阳性。这个想法的初衷是快速获得数据（虽然这些数据并不完美），但事实证明，这种方法在紧急情况下并不实用。

尽管如此，我们到此时为止做的一切还是让我充满了信心，我让迈克告诉这些公司，洛克菲勒基金会愿意支持这笔订单，这是我在正常情况下不会做出的单方面决定。当我迅速评估了可能的风险后，我感受到了极度的紧张和不安——将近 20 年前，在全球疫苗免疫联盟最危险的日子里，我也有过相同的感觉。但我认为这是唯一的办法。在洛克菲勒基金会创新金融团队工作的迈克·马尔登帮助我们安排了一笔财务担保，利用我们的捐赠基金提供了3000万美元的资金担保，使州和地区检测联盟能够立即开始订购检测试剂盒，而且我们承诺，如果需要，我们将提供更多的支持。

到9月，当我与霍根一起前往碧迪公司时，这些措施已经足以吸引各家公司扩大产能。在这次活动中，霍根宣布，作为协议的一部分，马里兰州将为全州的养老院、监狱和贫困社区购买25万份检测试剂盒。

转型必然需要承担一定的风险。让洛克菲勒基金会参与创建美国快速检测市场是一项复杂的工作，这需要我们比平时更迅速地承担更大的财务风险。我们之所以能够做到这一点，是因为我们与董事会和组织内部进行了过度沟通。因此，我们的董事会支持一个基本理念：一旦我们承诺在美国进行大规模检测，我们就会竭尽全力去实现这个目标。在关键时刻，有时你也需要承担这样的风险。为此，你可以提前建立应对风险的流程，以便在需要时可以更快速地做出重要决策。这通常需要在组织各层级之间进行过度沟通。

克服群体思维

开车去巴尔的摩后不久，我参加了孩子们学校的视频会议。和疫情期间的许多家长一样，希瓦姆和我更多地参与了萨扬、阿姆娜和杰萨尔的线上学习。就在希瓦姆为她的新项目寻找投资者的同时，她还在辅导孩子们的数学。我们的情况并不特殊，而且坦白说，我们的条件比大多数家庭都要好——我们的孩子有学习空间，有可以连接互联网的电脑，有可以正常工作的无线网络。

考虑到我有应对疫情的经验，我还被邀请加入学校的非正式科学咨询委员会。每隔几个星期，这个委员会就会开会讨论如何根据最新的病例数和指南调整政策。这些会议使我得以一窥现代教育和美国不断演变的流行病思维，不过有时确实令人沮丧。到 2020 年秋，委员会讨论了如何恢复线下教学，是不是每个人都应该佩戴口罩，以及学生和教师需要多久检测一次等问题。

委员会讨论的问题与在美国各地的学校董事会会议、餐桌上和秋季竞选期间引发激烈辩论的问题如出一辙。我对特朗普总统发出的不准确的，有时甚至是危险的信息感到沮丧，但也对某些人群，尤其是相对高学历、富裕且进步的美国人广泛接受居家隔离的做法感到失望。虽然关闭学校、办公室和社区会带来长期后果，但许多人坚信严格的隔离政策是必要的，并试图利用学校等机构来执行这项政策，而没有充分考虑隔离对学生，尤其是有色人种社区的学生造成的伤害。

随着疫情的持续，我对隔离政策的长期影响越来越愤怒。在我们召开的各种与疫情相关的视频会议上，我听到地方官员谈及隔离对孩子们，尤其是对低收入和少数族裔孩子的严重影响。由于学校，尤其是大城市的学校未能重新开放，弱势群体的孩子的学习成绩进一步落后。仅在巴尔的摩，学生们的英语水平就出现了 20 年来最严重的单年下滑；在三年级、四年级和五年级的学生中，只有 9%的英语水平达到要求，7%的数学水平达到要求。

在一次视频会议上，佛罗里达州布劳沃德县的一位高级官员说，相当一部分学生没有参加在线课程。他说：“他们消失了，再也不会回来了。”这句话一直萦绕在我的脑海中。

为了打破人们普遍接受隔离的态度，让这些学生重返校园，我们试图寻找一种方法，通过适当的审查和数据，清楚地证明检测可以帮助人们安全地重返企业、工作场所和学校。我们研究了科罗拉多等州已经在使用的方法，在这些州，一些人通过检测让孩子们重返校园。我们还考察了外国，特别是欧洲国家的类似项目，这些项目被证明是有效的。

通过我们的检测解决方案小组，安德鲁和他的团队还在 6 个社区的学校里安排了一系列试点项目，包括罗得岛州的森特勒尔福尔斯、加利福尼亚州的洛杉矶、路易斯安那州的新奥尔良、俄克拉何马州的塔尔萨和华盛顿特区。由于检测用品短缺，这些试点项目要求我们加快速度。布雷特等为这些试点项目提供了 14 万份检测试剂盒。随后，我们给参与该项目的学校打电话确认地址，同时美国国防部向每个试点地点运送了数万份检测试剂盒。

随着这些试点项目的数据不断流入，外部专家对其进行了严格的分析，并编制和发布了指南建议。我们与教育领域的各类利益相关者合作（其中许多人是希瓦姆推荐的，希瓦姆在教育领域工作了近 20 年，拥有丰富的人脉），制定了通过检测使孩子们重返校园的指南。我们的团队由科学家、医生、教师、工会代表、行政人员和经济学家组成，他们花费大量时间在视频会议上研究和讨论这个方案。

我们进行了一些艰难的对话。一次，一位同时是中学科学教师的工会官员告诉我，我们的专家研究得还不够深入，不应该建议通过检测来重新开放学校。这里夹杂着强烈的个人情绪。许多教师基于个人情况，害怕回到有二三十个孩子的教室，因为学校资源不足，而且还没有落实必要的安全措施。他们根本不相信自己是安全的。

试点项目和学生考试成绩的数据让一些犹豫不决的人逐渐相信，是时候尝试其他方法了。为人们提供发表意见的机会，这可以使其他人相信，这些建议是经过深思熟虑的。我们努力制定指南，以确保学校更加安全。疫苗的推广是另一个重要的影响因素。就像我们的"1-3-30 计划"一样，没有人真的喜欢我们的指南，但就连美国教师联合会的领导人兰迪·温加滕也与我们密切合作，以使更多的学校重新开放。

这项工作要求我们不轻易接受主流的假设和思维模式。这并不容易。反对我们的人包括我孩子的学校的朋友、洛克菲勒基金会的同事和我们周围的人。许多人担心过早结束隔离可能导致疫情反弹，或者担心主张重新开放学校会被误解为与那些攻击科学和负责任的公共卫生应对措施的人站在一起。

有一天，你可能不仅要避免群体思维，还要努力克服它。当你面对激烈的争论和巨大的压力时，做到这一点是非常困难的。我们意识到，倾听各方的质疑而不接受它们，并用数据和实际的例子系统性地反驳它们是多么重要。我们没有赢得所有人的支持。但你只需要说服足够多的人，就能开辟出一条共同前进的道路。

另一种方法

2021 年 3 月 16 日，距离我放下《打碟入门》已经过了一年多，而疫情还远未结束。随着疫苗的上市，人们开始看到希望。正如我们的核心团队在疫情开始后不久就认为检测至关重要一样，一年后，越来越多的人开始呼吁通过检测来结束封控，并将其作为一种加强疫苗接种效果或保护那些当时无法接种疫苗的人的方法。

幸运的是，到那时，检测已经变得越来越容易了。那天下午，白宫的一名助理给安德鲁发电子邮件，提醒我们说，宣誓就职不到两个月的拜登总统计划在次日宣布一项全面计划，联邦政府将拨款 100 亿美元用于大规模检测，让学校恢复线下教学。2020 年 11 月大选结束后，我们的团队向拜登的过渡团队介绍了检测工作的情况。此时，美国政府终于要全力支持检测了。

这个消息进一步证明，在不到一年的时间里，政府、国家、市场乃至美国人的观念都发生了变化。一年前，检测用品紧缺，人们很难进行检测，而现在，美国每月要进行大约 4000 万次检测。人们可以在网上订购检测试剂盒，也可以在药店购买。纽约街头有许多免费检测点。洛克菲勒基金会也与各州合作，为弱势家庭提供免费的上门检测。这是一种解决方案，大规模检测使人们能够重新工作、上学和聚会。

我们没有办法减轻新冠疫情的可怕影响。美国本应是最有能力应对大流行病的国家，但其死亡率却高于许多其他富裕国家。100多万名美国人因疫情失去了生命。长期隔离加剧了不平等，导致整整一代儿童的教育水平下降，许多人彻底失去了受教育的机会。疫情对心理健康的影响更是无法估量。人们失去了工作，一些人再也没有重返劳动力市场。这些对健康、教育和人类福祉的影响在少数族裔社区尤为严重。而这在很大程度上是因为美国的领导人未能兑现他们的承诺。

但是，就在许多人怀疑美国是否有能力应对新冠疫情时，检测的进展证明了一切皆有可能，尤其是因为这一进展在美国政府全面参与之前就开始了。美国生产的每一份抗原检测试剂盒都是美国各地的团队通过战略会议、采购联盟以及向联邦政府宣传等方式共同推动的结果。随着企业重新开工，人们重返工作岗位，孩子们回到学校，这些检测减轻了隔离带来的部分负面后果。

除了检测，洛克菲勒基金会还致力于减轻疫情对社会的负面影响。为了切实减少儿童贫困，包括我们在内的数家基金会呼吁联邦政府为弱势家庭减税，并向其发放现金。在学校停课期间，我们实施了多个为儿童提供食品的项目，在数千万个家庭最需要帮助的时刻及时伸出援手。我们还建立了一些非常特殊的合作关系，帮助少数族裔社区获得公平的检测和接种疫苗的机会。

我在洛克菲勒基金会工作期间多次“孤注一掷”，但在疫情期间推动基金会转型尤为重要。对于参加视频会议的大多数人来说，检测工作是我们一生中最有意义的工作之一。这段经历提醒我，危机提供了一个改变旧有做法、激发新思路的宝贵机会。最初几个月的冲击也使洛克菲勒基金会感受到了前所未有的紧迫感。洛克菲勒基金会度过了最艰难的一年，并为未来更多的“重注”做好了准备。

面对这个时刻，我几乎需要动用我在职业生涯中学到的一切。我们提出并回答简单的问题。我们率先行动，推动检测。我们为所有感兴趣的人“打开旋转门”。我们让这件事变得个人化——我们与那些和我们一样感到恐惧的人建立了联系。我们了解我们押注的对象。必要时，我们放弃了控制权。

但我们也必须以新的方式与新的合作伙伴一起尝试新的事物。通常情况下，洛克菲勒基金会可能会撰写一份报告，呼吁人们关注某个挑战或某个潜在的解决方案，或者向某个合作伙伴提供资助，帮助其找到解决方案，同时极力回避政治，严守中立。但是，为了推动检测试剂盒的生产，我们必须打破常规。最终，我们不仅承担了联邦政府的一部分职能，还公开质疑它。这是有风险的。但是，如果我们不做出改变，市场就不会以我们希望的方式做出回应。

总的来说，检测工作证明，还有另一种方法可以应对新冠疫情等现代挑战。在疫情初期，人们（包括洛克菲勒基金会团队和参加我们视频会议的许多人）都期望政府或公司能够出面解决检测问题。但在这种情况下，当国家陷入困境，美国家庭遭受苦难时，单靠公共部门或私营部门都无法完成任务。我们对新冠疫情的反应再次表明，“孤注一掷”可以利用新思维，而且解决大问题需要建立看似不可能实现的合作关系，以填补政府和私营部门之间的空白。

如何转型

如果你想在这个混乱的时代推动变革，你就需要转型。灵活应对是规避风险并抓住机遇的唯一途径。

现在我在招聘时，会关注那些随时准备迎接挑战的人，他们有创造力，有激情，渴望学习，同时渴望推动变革。但最重要的是，我要找的是渴望竭尽全力应对21世纪挑战的人。21世纪的挑战不仅复杂，而且多变，对个人和机构的灵活性提出了更高要求。

要想实现转型，你必须：

- **做出选择并确定你能做的最重要的事情**。你要有勇气进入重要变革发生的战场和舞台。
- **聚集最优秀的人才**。讨论自然会引发竞争，甚至对抗，这未必是坏事。粗略的共识好过没有共识。
- **坦诚是从零开始建立联盟的关键**。说服老朋友很容易，但如果想迅速建立信任，坦诚是必不可少的。

- **提前建立应对风险的流程**。在必要的时候，你需要做好承担风险的准备。
- **克服群体思维**。你必须愿意质疑假设，尤其是那些与你关系密切的人的假设。

结论
“孤注一掷”的力量

有时，当我们面对人类的历史时，我们也在面对我们自己的历史。

我曾主动为儿童疫苗接种、解决饥饿问题和消除能源贫困“孤注一掷”，也曾不得不在海地救灾和应对突发公共卫生事件上这样做过，但现在我面对的是另一种赌注——别人的赌注。

2017 年，我在担任洛克菲勒基金会主席后第一次外出访问，目的地是新奥尔良，当时我刚刚上任 10 个星期。我到新奥尔良是为了近距离了解洛克菲勒基金会为十几年前遭受卡特里娜飓风破坏的社区作出的贡献。访问的第一天非常忙碌，天气也很潮湿。我拜访了受资助人，与社区团体交流，并匆忙穿梭在陌生的街区。

接着，我与米奇·兰德里欧共进晚餐，他从 2010 年开始一直担任该市市长。米奇来自路易斯安那州的一个政治世家，他的父亲穆恩·兰德里欧曾在 20 世纪 70 年代担任新奥尔良市市长，他的姐姐玛丽·兰德里欧担任过3届参议员。米奇是新奥尔良的象征。因此，当我们在这座城市著名的法国区一家舒适的卡真餐厅里见面时，我听从米奇的推荐，点了一份墨西哥湾杏仁鱼。

除了晚餐，我在其他事情上也非常信任米奇。在一整天的行程中，米奇出现在我到访的许多地方。在咖啡馆、住宅区和餐厅，他用柔和的南方口音把我介绍给社区居民——他似乎认识每个人，能够直接叫出他们的名字。他会讲述枪支如何改变了他们的生活，他们何时失去了家园，或者他们想上哪所特许学校。在这些互动中，米奇显示出自己是一位独特的社区领袖，拥有大量盟友、合作伙伴和熟人。在这个因财富和种族而分裂的城市里，他是一个能够团结各方的人。

晚餐时，米奇解释说，散布在城市各处的邦联纪念碑象征着并加剧了这些分歧。南北战争结束后的几十年里，当美国黑人在努力争取自己的立足点和权利时，新奥尔良和南方其他地区的白人建造了数百座纪念碑以纪念他们所谓的“失败的事业”。这些纪念碑纪念的是战败的罗伯特·李将军、南方邦联总统杰斐逊·戴维斯、路易斯安那州的将军P.G.T.博雷加德和一场出于种族动机的反对联邦政府的叛乱，对于一些白人居民来说，这些纪念碑象征着他们眼中崇高的过去，同时也提醒着黑人、棕色人种和其他新奥尔良居民，旧秩序的残余依然存在，并将永远存在。正如米奇后来所说的那样，“纪念历史和崇拜历史是两回事”。

这在当时还是一种很不寻常的新想法。这些雕像一直被视为过去的象征，没有人质疑它们的存在。但越来越多的人开始有力地指出，这些纪念南方邦联的石像和铜像具有负面影响，因此应该被拆除。米奇与一个广泛的社区联盟合作，拆除了 4 座特定的雕像，他深知这些雕像的有害影响。在一次次的会议和一次次的请愿中，他们倾听、参与，并赢得了意想不到的群体的支持，包括著名的商业和公民领袖。

在整个过程中，他们遇到了激烈乃至暴力的反对。雕像的支持者抗议、请愿、起诉。即使在 2015 年 12 月，市议会批准了预计耗资约 17.5 万美元的拆除雕像计划后，反对声仍在继续，而且越发激烈。一天晚上，受雇拆除雕像的承包商的汽车遭燃烧弹袭击。这辆车被烧得只剩下轮辋和车架，这一画面登上了国际媒体的版面。出于安全考量，该承包商随即退出，这导致拆除费用远高于最初的估计。

不过，米奇还是坚持了下来，并设法从其他州找到了愿意做这项工作的人，但成本大幅上升——总费用预计将超过 60 万美元。谁来负担这笔不断增加的费用呢？市政府没有为这种意外情况预留资金，州政府似乎也不可能提供帮助。发起一场基层筹款活动需要很长时间。而且没有人愿意采取渐进的方式，即只拆除其中的一座或几座雕像。

米奇直截了当地说：“洛克菲勒基金会能立即提供这笔资金吗？”他显得很急迫：“你明天能告诉我吗？”

虽然这对洛克菲勒基金会来说是一个非常不寻常的项目，但米奇的紧迫感让我感到振奋，并对能够资助这项工作感到兴奋。米奇和他的盟友们的目标是彻底解决问题，而不是采取更加方便的渐进措施，比如立一个牌子说明关于雕像的争论，或者只移走一两座雕像。他们做的每件事都是正确的——从简单的问题入手，在必要时率先行动，将问题个人化，等等。他们只是没有足够的资金来应对由社会的某些限制和极端主义者的冲动行为造成的日益增长的风险。他们请求帮助，以摆脱抱负陷阱。

睡前，当我给几个人打电话讨论这个想法时，听到的都是让我谨慎考虑的建议。我联系的第一位洛克菲勒基金会的同事甚至叹了一口气。他说，这个请求很棘手，不仅时间仓促，而且它关注的是我们现有工作领域之外的文化象征。此外，它会给机构带来风险，主要是安全风险。接下来，我又给一些基金会和慈善机构的负责人打电话，包括几个非常熟悉新奥尔良的人。他们基本上都说了相同的话："拉杰（拉吉夫的昵称），慢慢来。你了解得不多，还不能做决定。"

听了这么多警告之后，我意识到他们有一点是对的——我了解得还不够多。我决定更深入了解情况。天刚亮，我便穿上跑鞋，乘电梯到大堂。我问酒店前台，李将军的雕像在哪里。他有点奇怪地看着我，然后指了指路。

要找到所谓的"李氏圆环"并不困难。这是一个在新奥尔良很少见的环形交叉路口，是车辆和行人通行的必经之路，该市许多著名的狂欢节游行也要经过它。但那天早晨，那里几乎只有我一个人。我站在我们国家历史的一个陌生角落，汗水浸透了我的衣衫。

或者更准确地说，那里只有我和罗伯特·李将军。我跑得气喘吁吁时，看到了5米高（包括基座的总高度为18米）、3.5吨重的李将军铜像。他严肃地望向北方，据说是在注视着联邦的一举一动。

站在李将军的阴影下，我感受到了这座巨大的纪念碑的威慑力。但我也意识到，忽视眼前事物是多么容易。在华盛顿，我经常在离家不远的李氏高速公路上行驶。小时候，我很喜欢看《杜克兄弟》，被波和卢克驾驶着名为“李将军”的跑车四处冒险的故事吸引。那天早晨，我意识到，由于无知、对舒适的依赖和现代生活的匆忙，我们经常被动接受像这样的代表错误现状的名字。

前一天晚上打完电话后，我在黑暗的酒店房间里借着手机的微光匆匆读了一些关于这座雕像的历史。李和南方邦联在南北战争中战败数十年后，建造雕像的人以荣誉和记忆为由掩盖了这一举措的真实目的。但李冷峻的目光暴露了真相。这其实与记忆无关——李不止一次到过新奥尔良，但绝不是这座城市历史上的重要人物。这座雕像关乎未来——这座铜像提醒着人们，这座城市将继续在一个曾为延续奴役美国黑人的制度而战斗的人的注视下存在。

当我努力研究美国的历史时，我突然想起了自己的历史。

一辆黄色的校车在圣查尔斯大道上减慢速度，同时发出很大的声音。由于时间尚早，车上无人，但它应该是去接学生上学的。这辆车的声音唤起了我的记忆。11岁时，我每天早上都在宾夕法尼亚州的公交车站等校车。车站离我们家不远，我们住在费城郊外的一个以白人为主的农村社区，我父亲在那里工作过一段时间。

我是黄色校车上唯一的棕色皮肤的男孩。大多数日子都很平淡，但有时，几个年龄和块头更大的白人孩子会盯着我，叫我各种外号，还对我挥拳相向。那几天，我回家时充满了愤怒和耻辱，我没有告诉任何人发生了什么。

我回头看了看雕像，意识到让孩子们，尤其是有色人种的孩子，生活在李将军的注视下是不对的。他的存在是对这个国家过去的侮辱，也是对美好未来的阻碍。

我抬头看了雕像最后一眼，同时回想了我在做重大决定时训练自己要问的问题：这是一个彻底的解决方案吗？米奇和他的联盟正在追求一种这样的方案，而我不想成为他们满足于一些微小改良的理由。这个潜在的解决方案值得冒险吗？当我慢跑回酒店时，我感到我了解的信息已经足以让我说“值得”。

当天上午，我告诉米奇，洛克菲勒基金会把赌注押在他的身上和新奥尔良的未来上。虽然还有一些细节问题需要厘清，但我们会尽快提供移除雕像所需的资金。不过出于安全方面的考量，洛克菲勒基金会将以匿名的方式捐款。米奇如释重负，他的赌注得以继续。我们握了握手，一起去参加下一个活动。

后来，当我乘车前往机场时，我看着窗外的街区和居民。我看到两个黑人孩子在人行道上跑在妈妈前面，一个穿西装的白人在打电话，还有一个黑人警察。这展现了这座城市的多样性。我好奇，拆除象征着种族主义和国家历史的雕像，是否会给他们的生活带来实质性的影响。

一个月后，我和其他人都知道了答案。

工人戴着口罩，甚至穿着防弹背心，花费25天时间拆除了纪念碑。李将军的雕像被送到一个仓库，它矗立过的地方被重新命名为“和谐圆环”。但故事并未就此结束。“重注”可以引发连锁效应，在这个案例中，米奇的雄心引发了一场全国性的运动。在随后的几个星期和几个月里，一个接一个的社区开始拆除南方邦联纪念碑，这些纪念碑在一项不道德的事业失败后又存在了150多年。作为回应，白人民族主义者聚集在弗吉尼亚州的夏洛茨维尔，试图挽救另一座李将军的雕像。而同时“黑人的命也是命”和其他主张种族平等的倡议则获得了更大的动力。

在新奥尔良和其他地方，我了解到，在其他“孤注一掷”的人身上下注，甚至比自己的工作更令人满意，更有影响力，更能获得回报。

米奇的“重注”并没有解决新奥尔良或其他地方的种族主义问题——没有人期望它能做到这一点。它甚至不像本书中的其他“重注”那样建立在技术突破或偶然的洞察力之上。相反，它关注的是使美国人更加诚实地看待自己的历史。它关注的是用新的、充满希望的事物来取代那些长期存在的、有负面影响的事物。

不过，米奇和其他人仍然利用新的思维方式，建立了广泛的联盟，并坚持不懈，直到取得预期成果。通过这些，米奇和新奥尔良的许多社区领袖不仅拆除了4座长期给新奥尔良年轻人的生活投下阴影的纪念碑，还引发了一场全国性的清算。

正如米奇的故事表明的那样，一个“重注”可能只是一个小项目，但仍能带来重大变革。我在这个项目中的作用并不大，是洛克菲勒基金会为米奇的非凡领导力和社区的勇敢行动提供了微小的帮助——我们在几年后公开承认了这一点。在政府支持不足，传统资金短缺，遭遇反对，甚至出现暴力行为的情况下，我们与其他组织和个人共同努力，最终完成了这项任务。

对人“孤注一掷”也是对人类“孤注一掷”，是对人们希望生活在一个更美好、更有希望的世界的信念“孤注一掷”。如果说这本书没有其他作用，那么它至少重申了一个重要的观点——对人类的未来“孤注一掷”是一个明智的选择。

在新奥尔良和其他地方，我看到了“孤注一掷”心态的力量。我希望你们在前面的章节中也能看到这一点。

现在，你已经读到了我职业生涯中的一些“孤注一掷”的经历，看到了我在许多地方遇到的抱着“孤注一掷”心态的人，在老虎体育场和曼德拉服刑的罗本岛；在比利吉里兰加山区的茅草屋和一辆破旧的吉普车里，与苏达山医生一起；在盖茨基金会的会议室里，与比尔·盖茨、梅琳达·盖茨、帕蒂·斯通塞弗等在一起；在法国的一座宫殿里和塞内加尔昏暗的社区大厅里；在海地太子港的废墟；在美国国会大厦；在东非的难民营里；在利比里亚的埃博拉治疗中心；在美国国际开发署的应急指挥中心；在像伯尔萨这样的村庄；在新冠疫情期间的视频会议中；在新奥尔良的病房里。

在这些故事里，我希望你能看到，我们有可能设定大胆的目标，从根本上解决重大问题，建立并维持大型联盟，并坚持不懈，直到取得预期成果。在这些故事里，真正重要的不是这些人是谁，他们在哪里工作，甚至不是他们希望改变什么。把这些人联系在一起的是他们对实现大规模变革的坚定信念。面对犬儒主义和悲观主义，他们相信，只要有正确的答案、足够的合作伙伴和评估结果的方法，我们就能解决我们的社区、我们的国家乃至全人类面临的问题。

在这个过程中，他们向我展示了任何人都可以拥有“孤注一掷”的心态。如果你正在从事慈善事业或者任何你相信的事业，你都可以拥有“孤注一掷”的心态。你可以是22岁，也可以是72岁。你可以是民主党人、共和党人、保守党人、非洲人国民大会成员，也可以是厌恶政治的人。你可以是有钱人，也可以是欠了一大笔学生贷款的人。你可以追求改变你的社区或其他人的社区，可以追求改变我们的国家乃至这个星球。

毕竟，“孤注一掷”的心态不需要富可敌国，也不需要拥有大量有权有势的朋友。对新奥尔良的承诺是洛克菲勒基金会在2017年提供的一笔较小的捐款，但其影响力出人意料。重要的不是金钱，而是相信一个能够引发变革的解决方案是可能的，并组织一个庞大的、多元化的联盟来实现它。

直到现在，我还没有解决我希望解决的所有问题。作为一个长期使用数据来评估工作进展的人，我可以回顾过去的工作，并为扎实、持久的成果感到自豪。但是，我们的工作仍有许多不足之处，还有许多尚待解决的问题。例如，自全球疫苗免疫联盟成立以来，接种过基础疫苗的儿童比例已从2000年的70%提高到2019年的85%。进步是巨大的，也是无可辩驳的，但距离为全世界所有儿童接种疫苗的目标还很远。本书描述的许多“重注”也有类似的情况。

尽管如此，“孤注一掷”的思维方式使我们能够通过寻求彻底解决问题，而不是满足于用渐进改良的方式来取得更大的进步。每当我感到自己险些掉入抱负陷阱时，每当我担心问题的复杂性或解决方案的风险时，我就会想起为什么之前的“重注”能够取得巨大的收益。在这个过程中，我得到了许多人的帮助（我在本书中提到了一些人，但由于篇幅所限，还有许多人未能提及），他们同样相信解决重大问题是可能的，并愿意尝试。

这样做不要求你成为圣人，也不需要你做出很大的牺牲。你不需要放弃现在的生活，搬到比利吉里兰加山区，甚至不需要献身于为人类服务的事业。但我希望你能阅读这些故事，并相信“孤注一掷”是可能的，我们有能力解决最紧迫的问题。今天，我们很容易对自己应对当前挑战的能力持怀疑或冷漠的态度。本书中的人和他们的故事证明，我们还有更有希望的选择。

你也可以做出这样的选择。你可以拥有“孤注一掷”的心态，乐观地面对我们在21世纪面临的挑战。事实上，你有前所未有的能力做到这一点。

我们拥有（或即将拥有）应对最大挑战的知识和技术。我们生活在历史上最具创新性的时刻之一，每天都能听到科学、技术、社会学和心理学等领域取得的突破。在过去几年里，人们发现了新的接种疫苗的方法，推动人工智能在应用领域实现了飞跃，并在生物技术方面取得了进步，这些进步有助于延长人类的寿命，培育更有营养、抗性更强的农作物。

我们的挑战和问题之所以持续存在，并不是因为缺乏解决方案或缺乏找到解决方案的能力，也不是因为我们的挑战是无法克服的——本书明确指出，我们可以应对可预防疾病、脆弱社区和国家的紧急情况、饥饿问题、能源贫困问题，以及埃博拉疫情和新冠疫情等大流行病的暴发。我们的问题之所以持续存在，是因为我们往往没有去尝试。我们中的太多人只是在旁观，指望政府或企业来解决我们的问题。虽然政府和企业仍然是不可或缺的，但它们往往难以利用创新来造福所有人。美国的政治家无力解决我们面临的最大挑战，而企业（甚至包括以创新著称的企业）似乎也不愿意全力承担这一责任。

我们必须明确，“孤注一掷”无法取代政府或企业。但是，“孤注一掷”可以将公共部门和私营部门的人们团结在一起，共同面对挑战。无论身处何地，从事何种工作，为何种机构工作，人们都希望能够产生影响。20 多年来，我目睹了“孤注一掷”的力量，即使是在分裂的华盛顿和高度竞争的商界，它也能激发出人们的最佳表现。

但是，政府、企业和机构不会自行改变。我们需要吸引它们参与“孤注一掷”。我们需要鼓励，甚至强迫它们采用“孤注一掷”的思维方式。你可以在选举日投票给那些拥有“孤注一掷”心态的人。你可以在市场和股票市场上支持那些致力于解决人类问题的公司。我们可以像赞美那些知名的颠覆者一样赞美具有社会责任感的创新者。只要有机会，无论在哪里工作，你都可以主动出击，鼓励其他人一起参与“孤注一掷”。

如果每个人都能这样做，我们就有望解决当今人类面临的重大问题。

我把赌注押在你身上，不仅仅是因为你可能会使我和我的孩子们的生活变得更好，还因为我希望生活在一个更加公平、更加自由、更加繁荣的世界上。

现状是一个认知问题。世界之所以如此，是因为我们接受了它。改变之所以看起来太冒险、太复杂、太困难，是因为面对威胁人类的挑战时，我们可能感到不知所措。

但是，当你有了“孤注一掷”的心态，甚至当你发起并实现了自己的“重注”时，你对世界的感受会截然不同，你会觉得世界比以前更小、更易改变、更不受限制。你会变得不那么愤世嫉俗，不那么不满，不那么悲观。

因此，你将实现更大的变革。你将帮助周围的人重新想象什么是可能的。他们也将以全新的方式看待现状。过去将不再决定未来，挑战看起来更像是机遇。困难时期将成为一段充满雄心壮志的时期。现在的世界只是一个起点，你将让它变成你理想中的样子。

“孤注一掷”的心态是革命性的。如果说世界是我们创造的，那么你还在等什么呢?

致 谢

在写作本书的过程中，我失去了5位对这本书（以及我本人）影响深远的人。

保罗·法默于2022年2月突然去世，他是一位英雄、朋友和合作伙伴，先后参与了海地救灾和抗击埃博拉疫情的行动。迪克·布卢姆也于2022年2月逝世，他是我的良师益友，一直坚信我们可以共同完成伟大的事业。马德琳·奥尔布赖特于2022年3月去世，她是我的盟友和同事，我曾和她的女儿艾丽斯合作推进疫苗事业。迈克尔·格尔森于2022年11月去世，我曾与他合作撰写过多篇文章。此外，最重要的是，我的岳父卡迈勒·基肖尔·马利克于2021年12月去世，享年81岁。他一直非常爱我，热情地支持希瓦姆和我选择的生活和事业。

在他们的葬礼上，我深切地意识到，他们每个人的一生都献给了比自己更重要的事业。无论是为世界上最贫穷的人带来公平和尊严，还是确保他们的家人和社区拥有比他们更好的机会，他们每个人都以独特而强有力的方式，将自己的一生献给了为他人服务的事业。

本书详细描述的工作在许多方面改变了我——让我忙碌，带给我成就感，让我对未来保持乐观。这些改变都是与我共事和同行的人促成的。保罗、前国务卿奥尔布赖特、迪克、迈克尔和我的岳父就是其中的5位，他们付出的似乎比得到的更多。他们每个人都以自己的方式展示了一种以服务为核心的领导力，他们的领导力令我钦佩，也是我学习的典范，我对此心怀感激。我希望本书足以回报他们给我的时间、关注和建议。

本书前几章详细描述的“重注”是许多人共同努力的结果——我和本书也是如此。

约翰·甘斯是我写作本书的主要合作伙伴，他是一位才华横溢的作家、公务员和外交政策专家。约翰具有非凡的智慧、好奇心和奉献精神，没有他，这本书就不会存在。几年前，艾琳·奥康纳在我们抗击新冠疫情时，建议我写作这本书，她以其一贯的智慧、精力以及对交稿截止日期的多次提醒，帮助我完成了本书。小尼尔·金是一位出色的思想和写作伙伴，雷夫·萨加林则是一位优秀的顾问和经纪人。安德鲁·桑格孜孜不倦地帮助我核对事实，这有助于我厘清叙述脉络。我的老朋友杰夫·努斯鲍姆提出了深思熟虑且重要的建议，就像他以前多次做过的一样。非常感谢你们每一个人。

我还要感谢西蒙元素出版公司的团队使本书得以与读者见面。理查德·罗勒和多里斯·库珀推动了本书的出版。利娅·米勒是我重要的合作伙伴和编辑。艾玛·陶西格和利娅·特劳夫博斯特也提供了宝贵的建议。

虽然我无意把本书写成一本回忆录，但它确实让我想起了许多我心怀感激的人，尤其是在我早年的生活和职业生涯中，包括我的高中辩论教练约翰·劳森和我的队友，我的大学同学吉恩·李、杰西·布鲁哈德和卡尔·斯坦恩，我的研究生导师和朋友桑福德·施瓦茨博士，“项目影响力”联合创始人米卡·拉奥·卡拉帕塔普，菲利普·雷内斯和许多其他与我一起在纳什维尔参加戈尔竞选活动的朋友们，还有时刻准备迎接下一次冒险的惠特尼·威廉姆斯。你们每个人都为我树立了强大的榜样，给了我追求慈善事业的信心，尤其是在我不知道如何做到这一点的时候。如今，我最感激的是你们的友谊和我们之间的羁绊。

我在盖茨基金会的经历使我能够以不同的视角看待世界，并想象各种可能性。22年前，大卫·莱恩给我打电话，让我选择自己的职位。当然，比尔和梅琳达建立的基金会已经改变了世界，并将在未来一次又一次地改变世界。他们树立了一个强大的榜样，告诉我们如何在保持改变世界的决心的同时，不断倾听和学习。我很荣幸能与他们、老比尔、帕蒂·斯通塞弗、西尔维娅·伯维尔、里克·克劳斯纳、海伦·盖尔、乔·瑟雷尔、马克·苏兹曼、杰夫·雷克斯、凯瑟琳·贝尔蒂尼、罗伊·斯坦纳和许多其他人共事，这是我生命中异常精彩的一个篇章。直到今天，他们仍是我亲密且宝贵的朋友。

在奥巴马政府任职期间，我在美国农业部、美国国际开发署、国务院、白宫和国会都有非常优秀的合作伙伴。虽然我无法在本书中列出每一位合作者和每一位我心存谢意的人，但我尤其要感谢你们的指导和友谊。我们这个虽然人数不多，但强大而坚定的发展和外交政策团队还有许多其他成员，包括谢丽尔·米尔斯、杰克·卢、迈克·弗罗曼、盖尔·史密斯、史蒂夫·拉德莱特、玛吉·沙利文、尼尚特·罗伊、安娜·高曼、唐·斯坦伯格、马克·费尔斯坦和苏珊·赖克尔等。

如今，在洛克菲勒基金会，我与一个卓越的董事会和团队一起工作。吉姆·斯塔夫里迪斯上将和我曾在政府部门共事，现在又同在基金会工作。吉姆是一位杰出的主席，他的存在和指导使我成为一名更好的领导者。我们董事会的同事阿格内斯·比纳瓜霍、梅洛迪·霍布森、唐纳德·卡贝鲁卡、李亦非、阿夫萨娜·马谢基·贝施洛斯、恩迪迪·奥孔克沃·努内利、保罗·波尔曼、莎伦·珀西·洛克菲勒、胡安·曼努埃尔·桑托斯、亚当·西尔弗、帕蒂·斯通塞弗和拉维·文卡特桑都展示了，在一个充满希望的时代，“孤注一掷”可以为人类造福。

洛克菲勒基金会还有一支出色的全职团队。伊丽莎白·伊和迈克·马尔登帮助我管理我的办公室，帮助我安排时间写作本书，而他们在日常工作中精心策划和实施新的“重注”的能力一直激励着我。胡安·洛佩兹、埃里卡·盖尔、多米尼克·因彭巴、皮拉尔·帕拉西亚、达妮·吉纳科普洛斯，以及我们在世界各地的团队一直在支持着这个项目，并确保本书的收益将用于支持基金会的工作，本书也体现了基金会团队的努力和成就。感谢你们的服务，我很荣幸能与你们一起让世界变得更美好。

许多人帮助阅读、评论了本书，并为本书提供了信息。盖茨基金会的马克·苏兹曼慷慨地提供了他们的档案。美国国际开发署署长萨曼莎·鲍尔的团队审阅了有关我在那里工作的章节。还有更多的好朋友通读了本书。哈努马帕·苏达山医生花时间审阅了书稿。瑞克、帕蒂、艾丽斯、莫莉·梅尔钦、艾米·巴特森、迈克尔·康威、尼尚特·罗伊、玛吉·沙利文、莱斯利·达奇、米歇尔·苏米拉斯、安德鲁·斯威特、阿什文·达亚尔、齐亚·汗、乔诺·奎克、泰勒·丹森和其他许多人提供了建议，并阅读了本书的部分或全部内容。你们每一个人都让本书变得更好。书中的任何错误都是我自己的责任。

当然，只有我的母亲里纳、父亲贾纳丹和妹妹阿米从一开始就一直陪伴着我。感谢你们（以及艾拉）给了我尝试的勇气，并让我深知，无论发生什么，你们都会在我身边，给我爱和支持。

最后，也是最重要的，本书要献给希瓦姆、萨扬、阿姆娜和杰萨尔。认识我们的人都可以证明，希瓦姆和我是一个团队。希瓦姆，你知道这一点，但我还是要说：如果没有你，就不会有这本书，也不会有一系列值得总结经验教训的“重注”。感谢你仔细审阅本书，我们现在可以把它加到我们共同完成的事情列表中了。萨扬、阿姆娜和杰萨尔就封面、书名和故事提出了建议，同时还质疑谁会读我的书。我希望有一天他们能读读这本书，因为归根结底，我是为他们、他们的朋友和他们这一代人写作的，希望这本书能对他们的人生旅途有所帮助，哪怕只有一点点。

图书在版编目（CIP）数据

孤注一掷：大规模变革如何真正发生 /（美）拉吉夫·沙阿著；方宇译. -- 北京：中国工人出版社，2025.8.-- ISBN 978-7-5008-8742-3

Ⅰ. C93

中国国家版本馆CIP数据核字第2025S1X416号

著作权合同登记号：图字 01-2024-5213

孤注一掷：大规模变革如何真正发生

出 版 人	董　宽
责任编辑	邢　璐
责任校对	张　彦
责任印制	黄　丽
出版发行	中国工人出版社
地　　址	北京市东城区鼓楼外大街45号　邮编：100120
网　　址	http://www.wp-china.com
电　　话	（010）62005043（总编室）
	（010）62005039（印制管理中心）
	（010）62001780（万川文化出版中心）
发行热线	（010）82029051　62383056
经　　销	各地书店
印　　刷	宝蕾元仁浩（天津）印刷有限公司
开　　本	880毫米×1230毫米　1/32
印　　张	7.5
字　　数	160千字
版　　次	2025年8月第1版　2025年8月第1次印刷
定　　价	52.00元